Von Yi S. Ellis mit Bryan D. Ellis

101 Geschichten für

Ausländer, um Chinesen zu verstehen

China Intercontinental Press

101 Geschichten für Ausländer um Chinesen zuverstehen

Von Yi S. Ellis mit Bryan D. Ellis

Editoren: Jing Xiaomin und Zheng Lei

ISBN 978-7-5085-2118-3

Veröffenlicht von China Intercontinental Press

Für meinen Großvater, Chen Kun, der uns immer daran erinnert hat über uns selbst hinauszudenken.

Vorwort der Autoren

Lass uns, uns selbst vorstellen. Mein Name ist Yi Shen Ellis. Ich wurde in Shanghai geboren, wanderte in die Vereinigten Staaten aus als ich dreizehn war, und die meiste Zeit von meinem Erwachsenenleben habe ich in New York und Colorado verbracht. Mein Ehemann Bryan Ellis ist ein in Colorado geborener New Yorker, der für eine Deutsche Firma arbeitet. Wir haben die letzten drei Jahre in Shanghai, China gelebt und während dieser Zeit hatten wir verschiedene "kulturelle Momente" , die uns gezeigt haben wie Chinesen und Menschen aus der westlichen Welt unterschiedlich denken, sich verhalten und miteinander interagieren.

Diese Unterschiede führen oft zu Missverständnissen. Wir haben zur Genüge kulturelle Fehler gemacht, und wir würden diese gerne mit dir teilen, so dass du verhindern kannst, sie auch zumachen. Durch die letzten Jahre haben wir oft gelernt, dass es nicht immer einfach ist, in einem anderen Land mit einer anderen Kultur zu leben. Viel zu oft verfallen wir in die eingefleischte Angewohnheit uns gegenseitig durch die Sicht der eigenen Kultur zu verurteilen. Dies zutun baut "Mauern" auf und schafft ein "Wir" gegen "Sie" . Aber wenn wir die lokalen Bräuche lernen und unsere Unterschiede schätzen lernen, öffnen wir uns für eine neue Art die Welt zusehen. Auf einmal werden all die Schwierigkeiten die aufeinanderstoßen viel einfacher, weil wir uns in die Lage versetzen besser mit unserem lokalen Umfeld klarzukommen. Dieses Buch ist deshalb unser Weg dir die Chinesen und einen kleinen Teil ihrer Kultur vorzustellen. Es ist ein kulturelles „ABC ".

Bevor wir beginnen, wollen wir verschiedene Dinge über dieses Buch klarstellen. Erstens, wir haben eine Zusammenstellung von 101 Anekdoten und kulturellen Unterrichtstunden geschrieben, um Ausländern alltägliche chinesische Bräuche und Etikette zu erklären. Wir sind keine Gelehrten der chinesischen Kultur und dieses Buch ist entschieden ein informelles und lustiges, kein akademischer Diskurs über die moderne Chinesische Kultur!

Zweitens, es ist kein Reiseführer. Stattdessen, erzählt es dir wie du sozial und kulturell mit den Chinesen interagieren kannst. Wir benutzen kleine Geschichten um unser Gelerntes, unsere Fauxpas und Frustrationen zu veranschaulichen und hoffen dir dadurch ein besseres Verständnis und Anerkennung für die chinesische Kultur zu vermitteln. Die meisten unserer kulturellen Vergleiche sind zwischen China und Amerika und der Rest zwischen China und dem westlichen Europa, aber wir hoffen auch, dass Leser aus jedem anderen Land, die daran interessiert sind China zu besuchen oder dort zuarbeiten, von diesen Geschichten profitieren können.

Drittens, du solltest die Lektionen aus diesem Buch nicht streng für jeden Platz in China anwenden. China ist ein riesiges Land, mit mehr als 30 Provinzen und 56 Ethnien. Jede Region von China hat einen einzigartigen Dialekt und einzigartige kulturelle Praktiken. Während die Geschichten in unserem Buch über die Bräuche in den meisten Teilen von China erzählt, heißt das auf keinen Fall dass sie umfassend und erschöpfend sind. Tatsächlich sind die meisten unsere Geschichten städtischer Natur, weil wir und die meisten unserer Freunde in der Stadt leben. Deshalb raten wir dir unvoreingenommen zu bleiben und die lokalen Gebräuche zu lernen, während du in die verschiedenen Teilen Chinas reist und arbeitest.

Abschließend, die Geschichten sind aus der Yi Perspektive geschrieben, aber es handelt sich um eine gemeinsame Anstrengung von Yi und Bryan. Yi ist der Erzähler, weil sie Bryan kurz nach ihrer Ankunft erst chinesische Etikette und Bräuche erklären musste und sie ist glücklich, dass sie es nun auch für dich tun kann. Wie auch immer, auf Grund ihres zweisprachigen und zweikulturellen Hintergrunds, ist Yi manchmal weniger sensibel für die kulturellen Unterschiede. Das ist wenn Bryans ungewollten Fauxpas, Momente der Frustration und Verwirrtheit über bestimmte chinesische Bräuche den Geschichten ihr Futter geben.

Wir würden uns gerne bei unseren Freunden und Kollegen, chinesisch und ausländisch, für ihre Hilfe bei der Erschaffung dieses Buches bedanken.

Danke an Rachel Ji, Patrick Wang, Eunky Park, Ben Surtess, William Zhang, Barbara Jobb, Kathy McClellan, den „Bridge Ladies, " Vikrant, Frank Quosdorf und Kevin Zhou für ihre aufschlussreichen Geschichten und Ideen.

Danke an Carole Baron, Susan Cole, Scott Ellis, Zhang Guoji und Gao Shuang für ihr wunderbares Editieren.

Danke an Ewald Wlagenbach, Gerd Buhrig und unsere Freunde von der Bertelsmann Direct Group für ihre Unterstützung in diesem Projekt.

Danke an Jennifer Yuan und Amanda Li für ihre Hilfe mit den

Verträgen.

Einen speziellen Dank an Miranda Tang und Pan Yan, deren kontinuierliche Unterstützung, Verständnis und Leitung unschätzbar waren.

Und letztendlich, wollen wir Yi' s Eltern danken und unseren ayis Wu Yue-lian und Xu Li, die sich um unsere Kinder gekümmert haben, während wir an diesem Projekt gearbeitet haben und auch dafür, dass sie uns so viel über das Leben in China gelehrt haben.

Viel Spaß beim Lesen!

Yi S. Ellis mit Bryan D. Ellis

CONTENTS

III. Restaurant Etikette

IV. Alltägliche Etikette und Bräuche

XI. Kinder in China großziehen

XII. Gesundheit und Medizin

I
Erstes Zusammentreffen: Begrüßung in China

1. Glücklich zu hören *„Ni Hao“* (Hallo!)

Chinesisch ist eine der weitverbreitetsten gesprochenen Sprachen der Welt. Mehr als 1,2 Milliarden Menschen sprechen Chinesisch als Muttersprache und es wird schnell eine der weltweit dominantesten Sprachen für Geschäfte werden. Wie auch immer, es ist eine schwere Sprache zum Lernen, und so sind Chinesen immer sehr glücklich wenn Ausländer - egal wie viel oder wie schlecht - Chinesisch sprechen. Mein Mann sagt, dass eines der meisten Sachen, die er zuhören bekommt ist, „Du spricht sehr gutes Chinesisch“, und Leute sagen das oft schon, wenn er nur „*Ni hao*“ (Hello)! sagt. China ist ein wunderbares Land, um eine neue Sprache zu lernen, egal ob du mit einem Taxifahrer, einem Geschäftskollegen oder einem Regierungsbeamten sprichst oder auch nur einen Kaffee bei Starbucks bestellst, allein wenn du ein kleines bisschen Chinesisch sprichst, zauberst du sofort ein Lächeln in jedes chinesische Gesicht und machst jede Konversation ein bisschen wärmer.

2. Schütteln, Umarmen und Küssen

Wenn sich amerikanische Männer begrüßen, schütteln sie typischerweise die Hände. Wenn französische Frauen sich begrüßen, umarmen sie sich oder küssen einander auf die Wangen. Westliche Länder haben eine „schütteln, umarmen und küssen“ Kultur, bei der sie anderen Menschen bei der Begrüßung ihre Zuneigung mit ihren Händen und Lippen zeigen. In China wird es mehr und mehr üblich ebenfalls die Hände zu schütteln, aber man umarmt und küsst sich nicht während der Begrüßung, noch nicht mal unter guten Freunden. Eine weitverbreitete Art der Begrüßungen ist ein warmes „Hallo“ und ein Nicken, aber kein körperlicher Kontakt wie Hände schütteln, noch nicht einmal unter Frauen. Das ist im Einklang mit der bescheidenen und untertriebenen chinesischen Kultur, in der Keiner öffentlich Zuneigung und Gefühle zeigen sollte. Es ist selten, dass ein älterer chinesischer Ehemann, die Hand seiner Frau hält oder jegliche Art von Zuneigung in der Öffentlichkeit

zeigt. Auch wenn die jüngeren Generationen liberaler sind, ist die kulturelle Bescheidenheit immer noch sehr stark.

Das führt manchmal zu Verwirrungen mit unseren Freunden aus Übersee, die dazu neigen, unsere chinesischen Freunde zu umarmen, nachdem wir zusammen zu Abend gegessen haben oder einen Abend ausgegangen sind. Die meisten unserer chinesischen Freunde erwarten nun auch eine solche Form von Zuneigung von Menschen aus der westlichen Welt und sind glücklich auch das Selbe zurückzugeben, aber auf keinen Fall tun sie dies mit ihren chinesischen Freunden.

3. Frau Wangs Ehemann ist nicht Herr Wang

Eine gute Freundin von mir ist eine sehr erfolgreiche chinesische Geschäftsfrau, die für eine amerikanische Firma arbeitet. Bei einem Besuch in China, lud ihr amerikanischer Chef meine Freundin und ihren Mann zu einem Abendessen ein. Der Nachname meiner Freundin ist Wang, so als mein amerikanischer Chef ihren Mann traf, schüttelte er herzlich seine Hand und sagte, „Ah, Sie müssen Herr Wang sein. Es freut mich sie kennenzulernen." Der Mann meiner Freundin antwortete: „Ja, ich freue mich auch sie kennen zu lernen. Aber eigentlich bin ich nicht Herr Wang. Ich bin Herr Liu."

Auf dem chinesischen Festland, behält fast jede Frau, die einen chinesischen Mann heiratet ihren Mädchennamen nach der Hochzeit. Das ist seit 1949, als die Chinesisch-Kommunistische Partei an die Macht kam, so der Brauch. Im Kommunismus sollen Männer und Frauen gleichberechtigt sein. Tatsächlich besagt ein sehr bekannter Slogan aus den 1950er Jahren „Frauen halten die Hälfte des Himmels". Seinen Mädchennamen zu behalten, ist ein Symbol für die Unabhängigkeit der Frauen von Männern. Heute ist es weniger ein politisches noch soziales Statement als einfach eine Angewohnheit. Ich weiß von keiner chinesischen Frau auf dem Festland, die ihren Nachnamen nach der Heirat geändert hat. Andererseits fügen die chinesischen Frauen in Hong Kong und in Taiwan den

Nachnamen ihres Mannes zu ihrem hinzu, so dass ihr Name mit zwei Nachnamen beginnt.

Also wenn du nächstes Mal ein verheiratetes chinesisches Paar in China triffst, erinnere dich, dass Frau Wangs Ehemann nicht Herr Wang ist.

4. Fester oder weicher Händedruck?

Für lange Zeit war Bryan sich nicht sicher ob sein Geschäftspartner ihn mochte oder nicht, weil er niemals Bryans festen Händedruck erwiderte. Der Austausch war immer nur kurz, als ob es ihm nicht wichtig gewesen wäre, ihm die Hand zugeben. Über die letzten Jahre haben die beiden viele Abendessen, Getränke und Meetings miteinander verbracht. Alle anderen Indikatoren zeigen Bryan, dass sie ein gutes Verhältnis zueinander haben, deshalb hat Bryan den schwachen Händedruck als einen kulturellen Unterschied abgetan.

Nach ein paar Unterhaltungen mit verschiedenen chinesischen Freunden – Männer und Frauen – musste ich feststellen, dass es einen großen kulturellen Unterschied gibt, was Händedruck angeht.

Im Westen bedeutet ein fester Händedruck Selbstbewusstsein und Aufrichtigkeit. Weil sie sich dessen bewusst sind, geben die meisten Männer und Frauen in Europa und Amerika die Hand mit einem festen Griff und starken Druck.

In China ist die Hand-Gebe-Kultur ganz anders. Auch wenn viele Chinesen und chinesische Geschäftsmänner und –frauen, die regelmäßig Kontakt mit Ausländern haben, sich einen festen Händedruck angewöhnt haben, tun die meisten dies jedoch nicht. Bryan und ich haben viele Chinesen getroffen, die einen sehr weichen oder schwachen Händedruck haben. Für die meisten Chinesen ist der Händedruck kein Weg, um Selbstbewusstsein und Aufrichtigkeit zu zeigen. Für sie ist es eher Formsache, dass man sich die Hand gibt, durch die man durch muss und deshalb zeigen sie Zurückhaltung.

Ich denke viele Chinesen fühlen sich in ihrem Innersten eher unwohl, wenn sie absichtlich körperlichen Kontakt mit einem Unbekannten eingehen (Ich füge hier „absichtlich" ein, weil es den Leuten nichts ausmacht, wenn sie auf einer überfüllten Straße gegeneinanderstoßen). Sogar bei den Chinesen untereinander, ist das Handgeben eher oberflächlich. Dieses Unbehagen erhöht sich noch, wenn es sich bei den Handgebenden um einen Chinesen und einen Ausländer handelt. Vor ein oder zwei Jahrzehnten waren es die meisten Chinesen noch nicht einmal gewohnt, Ausländer auf den Straßen zusehen und noch weniger ihnen die Hand zugeben. Auch wenn es jetzt viele *laowais* (ein chinesischer Spitzname für Ausländer, was so viel bedeutet wie guter alter Ausländer) gibt, die in China leben, ist es doch eher die Ausnahme als die Norm mit Einem direkten körperlichen Kontakt zuhaben. Deshalb sind die meisten Chinesen ein bisschen schüchtern, wenn sie einem *laowai* die Hand geben.

Unter Freunden benutzen Chinesen, das Handgeben nur selten als eine Form der Begrüßung. Zwischen Männern ist es üblich sich einander die Schulter zu klopfen und „Hallo" zusagen, wenn man Vertrautheit ausdrücken will. Frauen halten üblicherweise einander ihre Hände oder fassen ihre Unterarme an, um eine enge Freundschaft auszudrücken. Die einzige Situation, in der man zwei Chinesen beobachten kann, die sich energisch die Hände schütteln ist, wenn sich zwei wirklich gute Freunde für eine sehr lange Zeit nicht gesehen haben. Das enthusiastische Händeschüttel ist ein Weg auszudrücken: „Lange Zeit nicht gesehen.

Ich habe dich wirklich vermisst!“ Zwischen zwei lang getrennten Freundinnen, bevorzugen die Chinesinnen, sich stattdessen zu umarmen.

Ein Handschlag zwischen einem Mann und einer Frau ist erstrecht schwierig. Wenn ich einer chinesischen Frau die Hand gebe, ist der Griff oft fest und ohne Zurückhaltung. Aber wenn ich versuche einen festen Handschlag mit einem chinesischen Mann auszutauschen, war die Haltung des Mannes oft genau anders herum, als ich es von einem westlichen Mann erwarten würde. Ein westlicher Mann würde meinen festen Händedruck erwidern, wenn nicht sogar fester drücken. Aber in China ist es so, desto fester ich versuche die Hand meines Gegenübers zudrücken, desto schwächer ist seine Reaktion. Es ist als ob ich sie mit meiner Verbindlichkeit abschrecke.

Wie sich herausgestellt hat, bin nicht nur ich es, mit der chinesische Männer keinen festen Handschlag austauschen, sie machen es mit keiner Frau, besonders nicht mit einer jungen Chinesin. Jeder chinesische Mann mit dem ich gesprochen habe, hat mir versichert, dass sie die Hand einer Frau nicht fest drücken weil sie nicht als unhöflich wahrgenommen werden wollen. Wenn sie die Hand einer Frau zu fest drücken, könnten sie als zu eifrig verkannt werden. Wenn sie die Hand einer Frau zu festhalten, kann das als Belästigung gesehen werden. Um solche Missverständnisse zu vermeiden, bleiben chinesische Männer lieber auf der sicheren Seite. Ein schwacher Händedruck ist besser als am Ende als dreist oder unangebracht abgetan zu werden.

Auf die gleiche Weise wird eine junge unverheiratete Chinesin eher einen weichen Handschlag mit einem Mann austauschen, um nicht zu aufdringlich zu wirken. Vor dem 20. Jahrhundert hatten chinesische Frauen keinen körperlichen Kontakt mit Männern außer denen der unmittelbaren Familie. Es war ihnen noch nicht einmal erlaubt ihren Verlobten vor der Hochzeitsnacht zusehen oder zu berühren. Auch wenn dies nicht mehr länger der Fall ist, halten unverheiratete Chinesinnen körperliche Distanz zu Männern außerhalb ihrer Familie. Wenn sie also die Hand geben, machen sie es sehr leicht, um ihre „unantastbare Reinheit“ zu bewahren. Ein fester Händedruck würde zu aggressive wirken und zu undamenhaft.

Also wenn du einem Chinesen die Hand gibst, denke nicht sie haben kein

Selbstvertrauen und sind unverbindlich, weil sie keinen festen Händedruck haben. Erinnere dich einfach, dass die chinesische Hand-Gebe-Kultur sehr unterschiedlich von der westlichen ist.

5. Wo kommst du her?

Ich war erst vor kurzem bei einem Geschäftsessen mit Europäern und Chinesen als Gäste. Ein europäischer Gast fragte einen Chinesischen Gast, „Wo kommst du her?" Der Chinese hat mich angeschaut und gefragt, „Will er die westliche Antwort oder die chinesische?"

Wenn Menschen aus dem Westen fragen, „Wo kommst du her?" meinen sie, „Wo wurdest du geboren?" und „Wo bist du aufgewachsen?" Aber wenn ein Chinese einen Chinesen fragt, „Wo kommst du her?" meint er typischerweise, „Wo ist das Ahnenhaus deines Vaters?"

Das kann sehr verwirrend sein, weil Personen in verschiedenen Orten geboren und aufgewachsen sein können, als wo ihr Ahnenhaus steht. Zum Beispiel ist Bryans Kollege in Nanjing (ein paar Stunden Zugfahrt von Shanghai) geboren und aufgewachsen, aber seine Vorfahren stammen von Guangdong Provinz im Süden von China. Also wenn ein Chinese ihn fragt, „Wo kommst du her?" wird er mit „Guangdong" antworten und sofort würden alle Leute annehmen seine Muttersprache ist Kantonesisch. Aber in Wahrheit, hat er niemals in Guangdong gelebt und spricht keinesfalls Kantonesisch.

Genauso haben die Familien meiner beiden Elternteile seit über drei Generationen in Shanghai gelebt. Aber wenn sie gefragt werden, wo sie herkommen, antworten sie immer mit ihrer Ahnenheimat. Es wird auch von mir erwartet, obwohl ich in Shanghai geboren und aufgewachsen bin und dreiviertel meines Lebens in den Vereinigten Staaten verbracht habe, dass ich sage ich komme von Ningbo, eine Stadt, die ich niemals in meinem Leben gesehen habe.

6. Bist du mit einem Jahr geboren?

Die Chinesen rechnen anders als die Menschen aus dem Westen. Sie glauben, wenn du geboren wurdest, kannst du nicht null Jahre alt sein. Also bist du bei der Geburt schon ein Jahr alt. Dann rechnest du nach jedem chinesischen Neujahrsfest ein weiteres Jahr dazu! Es kann also sein, wenn du in der zweiten Hälfte des Jahres nach dem Sonnenkalender geboren wurdest, dass dein Chinesisches Alter, zwei Jahre älter ist als dein tatsächliches Alter.

Zum Beispiel wurde unser Sohn im Dezember geboren. In der chinesischen Tradition, war er ein Jahr alt bei der Geburt. Aber im Februar, nach dem chinesischen Neujahrsfest, war er schon zwei Jahre alt, obwohl er gerade mal knapp zwei Monate auf der Welt war.

Dieses System ist sogar für viele meiner chinesischen Freunde verwirrend, so dass die Leute meistens nur nach deinem chinesischen Sternzeichen fragen und anhand dessen dein Alter bestimmen. Es gibt zwölf Sternzeichen, jedes für ein Jahr und dann widerholt sich der Kreis wieder. Wenn dir also jemand sein Sternzeichen verrät, kannst du relativ einfach ableiten, in welchem Jahr er geboren wurde und wie alt er ist. Das ist auch ein höfflicher Weg, um das Alter einer Person herauszufinden, ohne direkt zu fragen.

Die zwölf chinesischen Sternzeichen sind: Ratte, Ochse, Tiger, Hase, Drache, Schlange, Pferd, Ziege, Affe, Hahn, Hund und Schwein. Mit jedem

Sternzeichen verbinden die Chinesen eine bestimmte Persönlichkeit. Ratten mögen Snacks, Ochsen arbeiten hart, Tiger sind leidenschaftlich, Hasen sind sensibel, Drachen sind stark, die Schlange ist ähnlich dem Drachen; Pferde sind gerecht, die Ziege ist ein gutes Zeichen für Männer, Affen sind clever, Hähne sind stolz, Hunde sind loyal und Schweine sind das glücklichste Sternzeichen von allen.

II
Chinesische Zurückhaltung

7. Die Tugend der Zurückhaltung

Vor ein paar Jahren haben Bryan und ich meine entfernten Verwandten in Beijing besucht (meine Uroma mütterlicherseits hat 12 Kinder, deshalb habe ich viel Großtanten und Großonkel!). Wir hatten eine Familienzusammenführung in Beijing und während des Abendessens versuchte sich jeder mit Bryan zu unterhalten, um seine Chinesisch Kenntnisse zu testen. Sie waren freudig überrascht, wie gut Bryan sich in Chinesisch unterhalten kann. Aber als sie ihm ein Kompliment für seine guten Sprachkenntnisse aussprachen, haben sie sehr schnell gemerkt, dass Bryan die chinesische Kultur nicht wirklich versteht. Als meine Tante zu ihm sagte „Dein Chinesisch ist sehr gut", antwortete Bryan wie ein richtiger Amerikaner „ Danke." Sie verbesserte ihn augenblicklich und sagte ihm, dass er hätte erwidern müssen, „Nein, ist es nicht. Ich habe noch soviel zu verbessern!"

8. Kein Kompliment annehmen

Viele Chinesen sind peinlich berührt, wenn man ihnen Komplimente ausspricht. Sie reagieren, indem sie das Gesagte herunterspielen. Das ist ein Teil der Zurückhaltung, die das gesamte chinesische Sozialverhalten bestimmen und das lässt Chinesen demütiger erscheinen als Menschen aus dem Westen.

Zum Beispiel traf ich eines Tages eine Bekannte und gab ihr ein Kompliment zu ihrem neuen großartigen Haarschnitt und dem Outfit. Anstatt sie einfach, „Danke" gesagt hätte, antwortete sie mir, „Nein, Ich sehe nicht annähernd so jung und hübsch aus wie du!" Am Anfang fand ich das eine sehr merkwürde Antwort auf ein Kompliment. Aber später sah ich diese Art von Austausch zwischen allen chinesischen Frauen und fing an zu verstehen warum. Es ist eine Art ihre Verlegenheit zu zeigen und ein Kompliment an ihre Freundin zurückzugeben.

Viele Chinesen sind sich der Unterschiede zwischen Westlichen und Chinesen bewusst, wenn es um den Umgang mit Komplimenten geht. Für Bryan und mich ist es sogar eine Art Witz geworden, wie wir auf die Komplimente reagieren, die wir von unseren chinesischen Freunden erhalten. Während wir an diesem Buch schrieben, kam die Vizegeneraldirektorin des State Council Information Büros vorbei, um sich mit mir und Bryan zu treffen und sich nach dem Stand des Schreibens zu erkunden.

Als sie mich traf, sagte sie zu Bryan: „Ihre Frau ist sehr hübsch." Er antwortete „Danke". Darauf erwiderte sie: „Das war eine sehr amerikanische Antwort von Ihnen. Chinesen würden ‚*Na li, na li*' sagen" was direkt übersetzt so viel wie „Wo, wo?" heißt, aber so viel wie „Nein, nicht wirklich" bedeutet.

9. Bescheidenheit gegen Selbstbewusstsein

Eines Tages hatte ich mein Mittag in einer normalen Küche in einem Künstleratelier, wo ich Zeichenunterricht genommen hatte. Ich konnte die Unterhaltung zwischen einer chinesischen Dame und einer Jugendlichen mit anhören, die an der internationalen Schule von Shanghai ausgebildet wurde. Die ältere Dame war dabei ein traditionelles Shanghaisches Essen fürs Mittag zuzubereiten.

Mädchen: *Was machst du?*

Dame: *Oh, Ich bereite eine kalte Vorspeise aus Tofu zu.*

Mädchen: *Also wirst du es nicht kochen?*

Dame: *Nein, man kann Tofu auch kalt essen.*

Mädchen: *Schmeck das denn?*

Dame: *Ich denke, das sollte gut schmecken.*

Mädchen: *Was meinst du mit "sollte"?*

Dame: *Naja, nicht jeder mag dieselben Sachen. Eine Sache mag gut für die eine Person schmecken, aber es mag nicht gut für eine andere schmecken.*

Mädchen: *Aber du hast es gemacht oder?*

Dame: *Ja...(Sie war ein bisschen erstaunt.)*

Mädchen: *Naja dann solltest du sagen "Es schmeckt sehr gut!" Du solltest mehr Selbstvertrauen in deine eigene Kreation haben!*

An diesem Punkt brach ich in lautes Lachen aus. Um für die chinesische Dame Partei zu ergreifen, sagte ich, „Naja, siehst du, ein Chinese würde das niemals über seine eigene Kreation sagen. Es würde anmaßend klingen. Sie hat sich in Zurückhaltung geübt, indem sie gesagt hat „Es sollte OK schmecken."

Darauf erwiderte das Mädchen, „Ich denke immer noch sie sollte einfach sagen, ‚Ich denke es schmeckt gut!'"

Auch wenn sich die meisten Chinesen dabei Unwohl fühlen, nicht zurückhaltend zu sein, gibt es eine neue Generation von jungen Erwachsenen in großen chinesischen Städten, die mehr und mehr „selbstbewusst werden", und dadurch „weniger chinesisch". Viele junge Leute sagen nun „Danke", wenn man ihnen ein Kompliment macht, und haben kein Problem damit, den Stolz für ihre Arbeit zu zeigen. Die chinesische Dame im Künstlerattelier konnte nur bemerken: „Diese Kinder werden mehr und mehr westlich."

10. Protze nicht, besonders nicht mit deinem Reichtum

In Amerika heißt es „Die quietschenden Reifen bekommen das Fett," aber in China, sagen sie „Der Nagel der raus ragt, wird hinein gehämmert." Auch wenn der Unterschied zwischen Arm und Reich im letzten Jahrzehnt immer größer geworden ist, ist der Anschein sozialer Gleichheit immer noch wichtig.

Ich habe eine chinesische Freundin, deren Mann ein sehr erfolgreicher Unternehmer ist. Er liebt Autos und hat sich einen Mercedes und einen BMW gekauft. Aber er fährt sie fast nie. Auf Arbeit fährt er immer noch in seinem alten Buick. Jetzt wo sie Kinder haben, dachte ich sie würden sich einen schönen Mercedes Minivan kaufen, aber nichts da. Sie haben sich für eine in China hergestellte Marke entschieden. Als ich meine Freundin gefragt habe, warum sie nicht einfach das kaufen, was sie sich leisten können, antwortete sie, dass sie nicht zu reich erscheinen wollen. Es würde zu viel Aufmerksamkeit erregen und sie wollen es vermeiden, dass Angestellte und Freunde sie bewundern oder beneiden.

11. "Ich werde mein Bestes tun"

Die chinesische Kultur der Zurückhaltung reflektiert sich auch in der Arbeitswelt. Mein Mann war am Anfang überrascht über einen bestimmten Unterschied, in wie Leute auf die Frage „Wirst du dieses Ziel erreichen?“ antworten.

Wenn mein Mann seinen Angestellten in Amerika fragt, „Wirst du deine Ziele erreichen?“ würden sie entweder antworten „Ja, werde ich!“, oder „Nein, wenn wir nicht die folgenden Veränderungen machen…“ Das zeigte meinem Mann, dass die Leute Selbstvertrauen in sich selbst und ihre Möglichkeiten haben, und wenn sie sich nicht dazu im Stande sahen, ihre Ziele zu erreichen, würden sie geradeaus „Nein“ sagen und ihn um seine Unterstützung bitten, um es in ein „Ja“ umzuwandeln.

In China antworten die Leute aber immer mit „Ich werde meine Bestes tun.“ Er hört es, wenn sie über Budgets sprechen, wenn es um das Reparieren einer kaputten Klimaanlage geht, bei der Umsetzung eines neuen IT Systems und in vielen anderen Umständen. Und es scheint auch vernünftig zu sein, denn was kann man den anderes von Menschen erwarten, als dass sie ihr Bestes tun?

Aber für westliche Ohren hört es sich so an, als ob sie kein Selbstvertrauen in sich haben, oder dass sie sich nicht auf ihre Ziele festlegen wollen.

Bryan sagt, dass ihn diese Antwort immer nervös macht, weil er sich nie sicher war, ob sie einfach nur zurückhaltend sein wollen, oder ob sie wirklich dachten, dass sie nicht tun können, was er von ihnen verlangte, oder ob sie einfach eine Ausrede haben wollen, wenn etwas schief geht („Ich hab nie gesagt ich kann…"). So dass Bryan jetzt immer antwortet: „OK, danke das Sie Ihr Bestes tun. Aber bedeutet Ihr Bestes zutun, dass Sie ihr Ziel erreichen?" Und er hört nicht auf, bis er eine Antwort bekommt, entweder ja oder nein, und es scheint wirklich zu funktionieren!

12. Dünnes Gesicht und dicke Haut

Als mein Mann anfing in China zuarbeiten, verbrachte er viel Zeit damit, mit seinem neuen Vorgesetzten Team zu sprechen, um sie besser kennenzulernen und zu verstehen, wie er sie leiten sollte. Er stellte schnell fest, dass er die Kultur seiner chinesischen Mitarbeiter respektieren würde, aber auch einige New-Yorker Management Strukturen in sein Team einzuführen. Eine Hauptbereich was „Anstand", oder Ehre, was in China völlig unterschiedlich ist als im Big Apple.

In China ist „Anstand" extrem wichtig und jede Kränkung oder Kritik, die die Ehre von Jemandem angreifen, werden persönlich genommen. Die Chinesen sagen, man hat ein „dünnes

Gesicht", das bedeutet man ist leicht durch Kritik gekränkt. Deshalb fand es Bryan sehr schwierig Mitarbeiterbesprechungen mit seinem Team abzuhalten, weil seine Mitarbeiter nicht offen ihre Meinungen diskutierten und die Ideen anderer Personen nicht in Frage stellten. Leute unterhielten sich offen in privaten Konversationen, aber nicht in Gruppendiskussionen. Auch wenn dies die Gefühle der Menschen respektierte, machte es es doch schwierig, irgendetwas an den Managementstrukturen zu verändern.

Deshalb erzählte Bryan seinem Team von „Anstand" in New York, in dem er sagte, „In New York, muss man in der Lage sein Kritik, Anfechtungen und Vorschläge hinzunehmen, ohne sie an sich herantreten zulassen und weiter zulächeln. Wir nennen das eine „Dicke Haut" haben!" Mittlerweile ist Bryans Team dazu in der Lage, offene Diskussionen über die Strategie der Kompanie und sensiblere Themen zu besprechen, in dem sie den Respekt, den sie für einander empfinden, mit ein wenig „dicker Haut" kombinieren.

III
Restaurant Etikette

13. Die chinesische Sitzordnung

Der Sitzplatz, den man zugewiesen bekommt, hat in China eine ganz andere Bedeutung als in den meisten westlichen Ländern. Es muss sogar große Acht gegeben werden, dass man die Leute an den richtigen Platz setzt, damit niemand beleidigt wird.

In westlichen Ländern messen die Menschen den Platzarrangements meistens nicht so viel Bedeutung bei. Während Geschäftsessens oder wenn man mit Freunden zusammen in ein Restaurant geht, suchen sich die Gäste meist selbst aus, wo sie gerne sitzen möchten. Wenn das Essen bei jemandem Zuhause serviert wird, zum Beispiel ein Weihnachts- oder Erntedankfestessen, sitzen die Gastgeber meistens an den beiden Enden eines rechteckigen Tisches und die Gäste sitzen an den Seiten. Oft werden die Gäste auch so arrangiert, dass sie Mann, Frau, Mann, Frau sitzen, aber generell sorgt sich keiner groß darum, wer wo sitzt.

In China, sind die Tische normalerweise rund und haben zehn Sitzplätze. Der Sitzplatz hängt mehr davon ab, wie wichtig eine Person ist, als von ihrem Geschlecht. Die Person, die am weitesten vom Eingang weg sitzt, ist der Ehrengast. Dieser Platz ist für die hochrangigste Person in der sozialen Hierarchie reserviert. Die Person, die am nahsten an der Tür sitzt, das ist meistens gegenüber dem Ehrengast, ist die Person welche die Rechnung bezahlen wird. Dabei muss diese Person nicht unbedingt der Hauptgastgeber sein. Zum Beispiel, könnte er der Assistent des Hauptgastgebers sein, der für die Rechnung aufkommt. Jeder Andere am Tisch bekommt seinen Platz nach seinem Stand zugewiesen. Leute, die nah am Ehrengast sitzen, haben einen höheren Stand, Leute näher an der Tür haben einen niedrigeren Stand.

Es gibt normalerweise einen Drehtisch, oder "Faule Susanne", in der Mitte des Tisches, um das Teilen des Essens zu erleichtern. Die Kellner werden einen Gang immer sofort vor dem Ehrengast platzieren. Erst nachdem er/sie seine Portion genommen hat, wird die untergeordneteste Person den Drehtisch drehen, so dass die anderen sich bedienen können.

14. Private Räume in Restaurants

Mein Ehemann ist ein extrovertierter Mensch, so mag er es auszugehen und Leute zutreffen. Sogar wenn es nur wir zwei sind, die für ein Essen ausgehen, mag er es in belebte Restaurants zugehen, wo eine gute Atmosphäre herrscht. So kam es, dass er bei seinen Restaurant-Essens-Erfahrungen in China sehr überrascht wurde, denn wenn Menschen hier zum Essen ausgehen, essen sie oft in privaten Räumen.

Als wir in China ankamen, begrüßte uns meine Großfamilie damit, dass sie uns zum Essen ausführten. Wir verbrachten die ersten paar Tage damit mit meinen Eltern und meiner Großmutter in ihrem Hause zu Abend zu essen, so sagte Bryan, dass er sehr aufgeregt sei, zum Essen auszugehen und in der Mitte eines Restaurants zu sitzen, während er von der Geschäftigkeit der Essen anderer umgeben sei. Wie auch immer, als wir dann in dem Restaurant ankamen, führte uns der Kellner in einen privaten Raum mit einem großen runden Tisch, einem Sofa und zehn Stühlen als Sitzplätze für alle meine Verwandten. Der Raum hatte seinen eigen Kellner, seine eigene Stereoanlage und sogar seine eigene Toilette! So dass als meine Eltern, Großmutter, Tanten und Onkels hereinkamen, sich Bryan zu mir lehnte und sagte: „Ich dachte wir sind losgegangen, um in ein Restaurant auszugehen, aber es fühlt sich an, als ob wir in ein Restaurant gegangen sind, um Zuhause zu essen!“

Ich erklärte ihm, dass es in China für Familien und Gruppen sehr üblich ist, in privaten Räumen zu essen, so dass sie nicht von anderen Essen gestört werden und sich leichter miteinander treffen können.

15. Nach dem Kellner brüllen

Das erste Mal als Bryan und ich mit einem chinesischen Freund in einem belebten chinesischen Restaurant waren, hat es uns aus der Fassung gebracht, wie laut unser Freund nach dem Kellner brüllte, um seine Aufmerksamkeit zubekommen. Dieser Freund hat im Ausland studiert und hat normalerweise eine sehr sanfte Art zusprechen, deshalb schien es so gar nicht zu seinem Charakter zupassen, jemanden so laut anzubrüllen.

Als wir dann zu mehreren chinesischen Restaurants gegangen waren, haben wir festgestellt, dass es in günstigen mittelmäßigen Restaurants eher die Norm als die Ausnahme ist, nach dem Kellner zu brüllen. Es ist sogar so, dass wenn man nur seine Hand hebt und dezent nach dem Kellner ruft, dass man für lange Zeit ignoriert wird und das Kellner und Kellnerinnen in großen und geschäftigen Restaurants einen nicht bemerken, wenn man nicht brüllt.

Erst waren Bryan und ich sehr unsicher und zurückhalten, was das laute rufen nach einem Kellner angeht. Aber nach ein paar vergeblichen Versuchen, fingen wir an den Kellner (*fu wu yu.an*) sehr laut zurufen. Sofort kam ein Kellner und wir schauten uns schuldbewusst um, wir sahen aber, dass sich keiner der anderen Gäste zu uns gewandt hatte, um uns den Unmut über unser unhöfliches Verhalten kundzutun. Mittlerweile brüllt Bryan selbstsicher, um die Aufmerksamkeit eines Kellners in geschäftigen chinesischen Restaurants zu erhalten. Wenn er aber mit westlichen Freunden zusammen ist, erklärt er den Brauch erst, damit sie sich nicht wundern, warum er so unhöflich ist.

Zusätzliche Erklärung:

Nach einem Kellner zu brüllen, ist nicht in jedem Restaurant in China nötig. In einem ruhigen und einem westlichen Restaurant, braucht und sollte man auch nicht laut nach einem Kellner rufen. An solchen Plätzen sind die Kellner oft viel näher und können einen sehen, wenn man nur die Hand hebt.

16. Eine Speisekarte pro Tisch

In den meisten Ländern, die wir besucht haben, haben wir immer eine Speisekarte pro Person bekommen. Jeder sucht sich das aus, was er oder sie gerne essen mag. Die Gerichte werden üblicherweise nicht geteilt.

In China bekommt man in Restaurants, besonders wenn sie chinesisches Essen servieren, nur eine Speisekarte pro Tisch. (Wenn es zehn Personen sind, die zusammen essen, bekommt man manchmal zwei Karten). In chinesischen Restaurants wird erwartet, dass eine Person, das Essen für alle, die an einem Tisch sitzen, ordert. (Getränke werden von jedem einzeln bestellt, um den Geschmack jedes Gastes gerecht zu werden). Es ist vorgesehen, dass alle Gerichte zwischen den Personen geteilt werden. Wir finden es sogar sehr schwierig Essen in einem chinesischen Restaurant zu bestellen, wenn wir zwei nur allein sind. Die Portionen sind meistens viel zu groß und man will immer viele verschiedene Gerichte bestellen. Man braucht wenigstens vier Personen, um ein Gleichgewicht zwischen der Größe und der Vielfalt der Gerichte herzustellen.

Wir hatten einige Freunde, die uns aus New York City besucht haben. Sie gingen allein zum Mittagessen in ein chinesisches Restaurant. Nachdem sie sich hingesetzt hatten, fragten sie den Keller nach einer zusätzlichen Speisekarte, so dass jeder eine zum Lesen hat. Für sie war es normal, dass jeder die Speisekarte unabhängig studieren und etwas bestellen kann. Aber der chinesische Kellner dachte, als sie nach einer zusätzlichen Karte gefragt haben, dass etwas mit dem Service nicht stimmt. Sie sind es einfach nicht gewohnt, dass Gäste nach mehr als einer Speisekarte fragen, wenn sie nur zu zweit sind.

17. Wo sind meine Vorspeisen?

Wenn uns Freunde aus den Vereinigten Staaten in China besuchen, versuchen wir immer sie in ein chinesisches Restaurant auszuführen, um ihnen authentische Erfahrungen zu ermöglichen.

Einmal wollte meine Freundin frittierte Klöße und Wantan Suppe, weil sie das am liebsten mag. Nachdem sie den ganzen Tag durch Shanghai gelaufen war, konnte meine Freundin das Essen kaum erwarten. Aber als das Essen kam, musste sie feststellen, dass ihr Lieblingsgericht nicht dabei war. Stattdessen waren dort nur ein paar kalte Vorspeisen. Als sie anfingen die Hauptspeise zu servieren, lehnte sie sich zu mir und fragte, „Wo sind meine Vorspeisen?“

Erst dann realisierte ich, dass ich vergessen hatte, dem Kellner zusagen, die Klöße und die Wantan Suppe zuerst zu servieren. In chinesischen Restaurants im Ausland, werden die Klöße und die Suppe als Vorspeisen angesehen und vor der Hauptspeise serviert. Aber in China werden Suppen und alle Formen von Kohlenhydraten am Ende serviert. Die Leute essen sie, wenn alle Hauptspeisen aufgegessen sind. Unsere Freundin hätte die ganze Nacht auf ihre „Vorspeise“ gewartet, wenn ich nicht darum gebeten hätte, sie früh zu servieren.

Auf die gleiche Weise war es Bryan gewohnt Reis zu seinem Hauptgericht in chinesischen Restaurants in den Vereinigten Staaten zu haben. Als wir noch neu in China waren stellten wir fest, dass Reis erst serviert wurde, wenn wir fast mit unserem Essen fertig waren. Die meisten Chinesen essen in Restaurants überhaupt keinen Reis. So lernten wir, wenn wir unser Gericht mit Reis essen wollten, müssen wir es dem Kellner extra sagen.

18. Sitzbezüge in Restaurants

Als wir gerade erst nach China gezogen waren, gingen wir zum Abendessen in ein Pekingente Restaurant in Shanghai. Bryan hatte einen Sportmantel an und ich trug einen Überwurf, beides warfen wir einfach über unsere Stuhllehnen, als wir uns zum Essen hinsetzten. Wir waren sehr überrascht als die Kellnerin sofort mit einem braunen Stoffsack kam und ihn über unsere Stuhllehnen zog, den Mantel und den Überwurf dabei völlig überdeckend. Es war uns klar, dass diese Stoffsäcke, Stuhlüberzüge waren, aber wir verstanden zunächst nicht, warum wir sie in diesem speziellen Restaurant brauchten. Als wir in mehreren Restaurants waren, stellten wir fest, dass in vielen Restaurants die Stuhllehnen der

Gäste mit Stoff überzogen werden und wir verstanden warum. Die chinesische Küche hat viele Suppen, Soßen, Gewürze, Tees und andere Flüssigkeiten. Diese können leicht die Stoffe beflecken, wenn Kellner sie tragen, irgendwo anstoßen und etwas verschütten und viele chinesische Restaurants stellen ihre Tische sehr nah zusammen, so dass dies sehr leicht passieren kann. In chinesischen Restaurants ist es auch erlaubt zu rauchen, so helfen die Stoffsäcke auch die Zigaretten von den Jacken und Überwürfen fern zuhalten.

Ein anderer positive Nebeneffekt von den Stoffsäcken ist, dass sie auch Handtaschen bedecken. Als ich noch in New York war, machte ich die schreckliche Erfahrung, dass jemand meine Handtasche gestohlen hat, währen ich in einem Restaurant aß. Ich hing die Handtasche an die Stuhllehne zwischen mich und meinen Mann und dennoch konnte sie vor unseren Augen von jemandem gestohlen werden. Ich mag es wirklich, dass meine Tasche sicher und beschützt unter dem Stoffsack ist, so dass niemand sie stehlen kann, wenn ich esse oder auf die Toilette gehe.

19. Anstoßen

In Europa and in Nordamerika stoßen die Leute gewöhnlich vor dem Essen und vielleicht einmal in der Mitte des Essens an, wenn jemand eine Rede hält. Aber in China stößt man während des gesamten Essen immer wieder auf eine bestimmte Art an.

Am Anfang des Essens, nimmt jeder am Anstoßen teil. Danach während des Essens, stoßen verschiedene Personen individuell mit besonderen Personen an, die hochrangigen Personen stoßen miteinander an. Die Untergeordneten stoßen mit den Hochrangigen an. Der Gastgeber stößt mit dem Ehrengast an und so weiter. Einige Trinksprüche sind für den ganzen Tisch, aber die meisten sind nur zwischen zwei Personen.

Wie viel man bei jedem Mal Anstoßen trinkt, ist auch für jede Art von Trinkspruch anders. Bei einigen trinkt man nur einen kleinen Schluck, aber bei anderen wird es erwartet, dass man das ganze Glas ausleert (das nennt man *ganbei*). Allgemein gesprochen ist es ein Zeichen des Respekts und der Aufrichtigkeit gegenüber der Person mit der man anstößt, wenn man sein ganzes Glas leert. Eine Person mit einem höheren sozialen Rang sollte weniger trinken als eine Person mit einem geringeren Rang. Zum Beispiel, wenn ein Angestellter mit seinem Boss anstößt, wird er sein Glas austrinken, während der Boss nur einen kleinen Schluck trinkt. Wenn die Chefs miteinander anstoßen, können sie entweder nur einen kleinen Schluck oder *ganbei* nehmen, während der Gastgeber normalerweise wenigsten einen *ganbei* mit dem Ehrengast hat, um ihm seine Aufrichtigkeit und starke Freundschaft zu zeigen. Auf die gleiche Weise werden Junior Partner aus verschiedenen Abteilungen mit *ganbei* anstoßen, um ihre Beziehung zueinander zu festigen.

Der Trinkspruch ist immer unterschiedlich und hängt davon ab, ob man nur

einen Schluck nimmt oder das Glas leert. Wenn man seinen Gegenüber dazu auffordern möchte, sein Glas zu leeren, sagt man „*ganbei*" für „Auf Ex". Wenn man das Glas geleert hat, dreht man das Glas herum, um zu demonstrieren, dass es leer ist. Wenn man jemanden zu einem leichten Anstoßen, bei dem jeder nur einen kleinen Schluck trinkt, auffordern will, sagt man „*suiyi*", was so viel heißt wie „wie du willst".

Man muss außerdem wissen, auf welcher Höhe man sein Glas zum klirren bringt. Einer von Bryans Partnern hat uns diese Etikette beigebracht. Wenn man mit jemanden anstößt, der eine höhere Position als man selbst hat, hält man sein Glas weiter nach unten, so dass wenn sich die Gläser berühren, es ein weniger weiter unten ist, als das des Gegenüber. Wenn man mit jemanden anstößt der den gleichen Rang hat, dann lässt man die Gläser auf gleicher Höhe zusammenklirren. Wenn jemand Untergeordnetes einem zuprostet, dann hält man das Glas ein wenig höher als seins.

Manchmal halten die Chinesen auch, wenn sie mit einem auf dem gleichen Stand sind, ihr Glas nach unten. In diesem Fall muss man sein Glas ebenfalls nach unten bewegen. Das kann zu einer Art Wettbewerb ausarten, soweit bis beide Gläser den Tisch berühren und sie nicht weiter nach unten gehen können. Wenn Einzelne in einer großen Gruppe anstoßen, wird jeder sein Glas an das runde Glas in der Mitte des Tisches anstoßen, als Ersatz für das Klirren der Gläser untereinander.

20. Heiße Suppe schlürfen

Bryan und ich lieben es beide an Essenständen in den engen Straßen von Schanghai warmes Frühstück zu essen. Sie servieren leckere Nudeln, Wantan-Suppe, Milchbrötchen und Pfannkuchen. Mal von den Kulinarischen Genüssen abgesehen, findet es Bryan unmöglich die Geräusche der anderen Gäste, die ihre Suppen schlürfen auszuhalten. An einem bestimmten Punkt hat Bryan sogar überlegt, sich Ohrstöpsel mitzunehmen, wenn er sich für ein solches Frühstück entscheidet, so dass er es wirklich genießen kann.

Eines Tages hat uns dann einer von Bryans Partner in die Logik des Schlürfens eingeweiht. Der Mann sagte: „Ich weiß in der westlich Kultur wird es als unhöflich angesehen,, aber ich kann meine Suppe wirklich nicht ohne Schlürfen trinken. Westliche Suppen sind normalerweise sehr dick und werden lauwarm serviert. Das macht es möglich einen großen Löffel voll zu sich zunehmen, ohne sich den Mund zu verbrennen. Aber chinesische Suppen werden dampfend heiß serviert. Wenn man einen großen Löffel voll in den Mund nimmt, würde man sich den Mund total verbrennen. Wenn man aber nur ein ganz kleines bisschen in den Mund nimmt, schmeckt man die Suppe nicht richtig. Der einzige Weg die Suppe zu schmecken, sich aber gleichzeitig nicht den Mund zu verbrennen ist schlürfen. Schlürfen lässt zusammen mit der Suppe auch kalte Luft in den Mund, was es möglich macht, die Suppe heiß zutrinken ohne sich aber den Mund zu verbrennen."

Bryan und ich dachten, dass seine Erklärung sehr verständlich war. Das erklärt auch, warum Schlürfen (aber nur sehr leise) unter Westlichen nur gestattet ist, wenn man heißen Kaffee trinkt. Wenn sie einen großen Schluck des sehr heißen Getränkes zu sich nehmen würden, würden sie sich sicherlich den Mund und Rachen verbrennen.

Auch wenn Bryan mittlerweile versteht, warum die Chinesen ihre heiße Suppe schlürfen, findet er es immer noch schwierig sich an die Essensgeräusche neben sich zu gewöhnen.

21. Auf den Tisch klopfen

Wir waren zum Essen in einem Restaurant mit ein paar chinesischen Freunden und Einer forderte den Kellnerin auf, seine Teetasse wiederaufzufüllen. Als sie damit fertig war, sagte er nicht „Danke", sondern klopfte mit zwei Fingerknöcheln auf den Tisch. Bryan fragte ihn, warum auf den Tisch klopfen, „Danke" heißt und unser Freund hat uns die folgende Geschichte erzählt:

China wurde tausende Jahre von Kaisern regiert. Einer der Kaiser entschied sich durch sein Imperium zu reisen und selbst zu sehen was sein Land und seine Untergebenen so machten. Dies war allerdings ein schwieriges Unterfangen, weil hunderte von Menschen ihn immer überall hinbegleiteten und jeder sein besten tat, um seine Ankunft vorzubereiten.

Deshalb beschloss der Kaiser verkleidet und mit nur zwei vertrauenswürdigen Helfern zu reisen, so dass er sich frei bewegen könnte, ohne von jemanden erkannt zu werden.

Eines Abends auf seiner Reise aßen der Kaiser und seine Gehilfen in einem lokalen Restaurant. Die Gehilfen waren sehr aufgeregt, mit dem Kaiser an einem Tisch zu speisen, weil sie das niemals zuvor gemacht hatten. Der Kaiser aber bestand darauf, dass sie zusammen aßen, um die Verkleidung zu waren.

Als der Tee auf den Tisch kam, tat der Kaiser etwas, dass die Gehilfen zum Staunen brachte. Er selbst schenkte ihnen den Tee ein. Seine Gehilfen wollten sofort auf die Knie fallen und sich vor ihm verbeugen, wie sie es im Palast getan hätten, aber das hätte ihre Verkleidung sofort enttarnt. So machten sie stattdessen mit ihren Händen eine Faust, streckten den Zeigefinger und den Mittelfinger wie ein paar Beine aus und verbeugten sich mit den Fingern. Auf diese Weise konnten sie ihren Kaiser respektieren, ohne seine Identität zu verraten.

Seit dem, wenn jemand einem Tee, Bier, Wasser etc. serviert, kann man seinen Respekt zeigen, indem man mit den Fingerknöcheln auf den Tisch klopft.

22. Um die Rechnung kämpfen

Als unsere Freunde aus New York für einen Besuch nach China kamen, haben wir sie in ein lokales chinesisches Restaurant in unserer Nachbarschaft ausgeführt, um ihnen eine authentische chinesische Essenserfahrung zu ermöglichen. Das Essen war sehr lecker, die Kellner waren warm und freundlich und die anderen Gäste waren ausgelassen genug, um den Ort ereignisreich zumachen, ohne zu laut zu sein. Es war eine tolle Abendessenserfahrung gewesen, bis wir einen lauten Streit am anderen Tisch aufkommen hörten. Zwei Paare- sehr gutangezogene Herren und Damen – stritten sich um ein schwarzes Ledernotizbuch. Sie unterhielten sich aufgeregt, gestikulierten und rissen einander immer wieder das Notizbuch aus den Händen. Nach dem ich eine Weile zugehört hatte, realisierte ich, dass sie sich darum stritten, wer die Rechnung bezahlen darf.

Unsere amerikanischen Freunde waren verwirrt bis ich ihnen schließlich diese explosive Situation erklärte. Wenn chinesische Freunde zusammen zum Essen ausgehen, wird immer jeder als Zeichen der Großzügigkeit versuchen zu zahlen. Es wird sogar als unhöflich angesehen, nicht vorzuschlagen zuzahlen. Leute, die nicht regelmäßig anbieten zuzahlen, werden als Geizhals angesehen. In Chinesisch werden sie mit dem Ausdruck „tie gongji“ oder Eisenhahn betitelt, was einen Vogel beschreibt, der nicht einmal eine einzige Feder rupfen würde, um für Dinge zu bezahlen. Desto enger die Freundschaft ist, desto härter ist der Streit um die Rechnung.

„Aber warum teilen sie die Rechnung nicht einfach und jeder zahlt individuell?“ fragte unser Freund. „Weil die meisten Chinesen die Rechnung zuteilen als sehr unpersönlich ansehen“ kommentierte ich. „Es gibt ihnen das Gefühl von du schuldest mir nichts und ich schulde dir nichts.“ Man kann das machen, wenn man mit einem Kollegen zum Mittag ausgeht, aber Freunde in China machen dies nicht. Die soziale Norm ist, dass man sich abwechselt und sich gegenseitig zum Essen einläd. Zusätzlich ist es üblich wenn man das nächste Mal am Zug ist und jemanden zu einem Essen einläd, wählt man ein Restaurant vom selben oder höheren Kaliber, als das in das man selbst eingeladen wurde. Auf diese Weise stellt man sicher, dass der Freund sich nicht ausgenutzt fühlt.

Für das Essen bezahlen, um zu zeigen, dass man ein guter Ernährer ist.

Auch wenn meine Eltern seit zwei Jahrzehnten in den Vereinigten Staaten leben, sind sie immer noch sehr traditionell, was chinesische Bräuche und Werte anbetrifft. Das traf besonders zu, als es um meine Wahl des Ehemanns ging. Meine Eltern maßen alle meine Partner an den chinesischen Maßstäben für einen Schwiegersohn.

Was ich nicht wusste ist, dass einer der ersten Test für einen zukünftigen Schwiegersohn ist, zu sehen ob er freiwillig dazu bereit ist, das Essen zuzahlen, wenn er das erste Mal die Familie des Mädchens trifft. Deshalb führte uns mein Vater bei Bryans ersten Besuch in ein sehr nettes chinesisches Restaurant in Pittsburgh aus. Nachdem das Dessert serviert wurde, erwartete mein Vater, dass Bryan anbot die Rechnung zuzahlen. Unglücklicherweise für Bryan, wusste ich nichts von diesen Chinesischen Protokolls und warnte ihn vor dem Essen nicht, dass es erwartet wird, dass er bezahlt. Als die Rechnung kam, griff Bryan nicht danach, stattdessen bedankte er sich respektvoll bei meinem Vater, dass er ihn zum Essen eingeladen hat. Mein Vater bezahlte die Rechnung, aber wurde sehr distanziert gegenüber Bryan für den Rest seines Besuches.

Als er unser Zuhause verlassen hatte, erzählten mir meine Eltern, dass er auf keinen Fall der Richtige für mich ist. Sie sagten, dass ein Mann der nicht anbietet, die Rechnung zu bezahlen, kein guter Ernährer für eine Frau in einer Ehe sein kann. Kurz um dachte sie, er sein ein schlechter Fang.

Als ich Bryan von ihren Kommentaren erzählte, war er schockiert. Er hatte gedacht, dass es höflich gewesen war, nicht anzubieten zuzahlen. In der amerikanischen Kultur erklärte er, wäre es eine Beleidigung dem Vater gegenüber, anzubieten zuzahlen. Es würde andeuten, dass der Vater es sich nicht leisten könne, seine Familie zum Essen auszuführen. Er war überrascht, dass das Gegenteil in der chinesischen Kultur zutrifft.

Ein paar Jahre später, nachdem wir verheiratet waren, gingen wir wieder mit meinen Eltern zum Essen aus. Nach dem er seine Lektion auf die harte Weise gelernt hatte, war Bryan entschlossen für alle zukünftigen Essen mit meinen Eltern zu bezahlen. Als die Rechnung kam, griff er schnell danach. Er dachte, dass würde meinen Eltern zeigen, was für ein guter Schwiegersohn er jetzt war.

Bei diesem Essen, wie auch immer, sagte mein Vater ihm, dass er nicht erlaubt sei zu bezahlen. Jetzt das wir verheiratet seien, ist Bryan zu einem seiner Söhne geworden. Als der älteste am Tisch, wäre es die Aufgabe meines Vaters zu zahlen. Wenn Bryan weiterhin darauf bestünde zu zahlen, sei dies ein Angriff an die Position meines Vaters in der Familie.

Bryan übergab ihm die Rechnung und seufzte, Warum haben Chinesen so eine gegensätzliche Art Dinge zutun als Amerikaner? Wenn ein Mann in Amerika verheiratet ist, wird er das Familienoberhaupt und hat den gleichen Status wie der Schwiegervater. Deshalb ist es für ihn okay, für ein Familienessen zu zahlen. Aber in der chinesischen Kultur, wird es von dem Schwiegersohn erwartet, vor der Heirat, aber nicht danach zu bezahlen!

23. Restaurant-Quittungs-Lotterie

Nach dem Essen in einem Restaurant, fragt sich jeder neue Besucher in China, warum der Kellner jede Menge kleine bunte Quittungen ausgibt, wenn sie bezahlt haben. Anders als westliche Quittungen, die normalerweise eine einzeln aufgelistete Rechnung sind oder eine Kreditkarten Quittung, sind chinesische Quittungen in verschiedenen Farben und haben einen silberenen Rubbelbereich darauf. Sie sehen tatsächlich ein bisschen wie Lotterielose aus. „Was ist das?" fragen unsere Besucher oft. Diese Quittungen sind ein Weg der chinesischen Regierung sicherzustellen, dass die Gäste nach ihrer Steuerquittung fragen, die die meisten Restaurantbesitzer nicht ausgeben wollen.

Die meisten chinesischen Restaurants operieren auf einer Bargeldbasis und die Restaurants die Kartenzahlung akzeptieren, bevorzugen Debitkarte vor Kreditkarte. Diese Bargeldgeschäfte haben es für die chinesische Regierung sehr schwer gemacht, die Steuern für Restaurantgeschäfte akkurat zu berechnen, deshalb war es nötig ein System einzuführen, dass die Gäste von Restaurants dazu bringt, nach ihrer von der Regierung bearbeiteten Steuerquittung zu fragen.

Ihre Antwort auf dieses Problem war die Einführung einer Lotterie auf den Steuerquittungen und eine Regelung, bei der Geschäftsessen nur mit diesen Quittungen von der Steuer absetzbar sind. Die Lotterie auf den Quittungen bringt die Leute dazu, nach ihrer Quittung zu fragen, auch wenn die Chancen zu gewinnen sehr gering sind und sich die Gewinne nur bei um fünf bis zweihundert RMB belaufen, denken viele Leute trotzdem, dass sie Glück haben, wenn sie gewinnen. Und natürlich werden Geschäfte ihre Mitarbeiter dazu zwingen, die Quittungen zu übermitteln, um ihre Ausgaben zurückerstattet zubekommen. Beide Mechanismen machen es viel einfacher für die Regierung Essens - und Getränkegeschäfte zu besteuern.

Also wenn du das nächste Mal in China isst oder trinkst, versuch dein Glück und frag nach der Steuerquittung!

24. Lauwarme Empfehlungen

Ich habe die Angewohnheit, Kellner und Essensverkäufer nach ihren Emphfelungen zu fragen. Zum Beispiel frage ich in einem Restaurant immer nach, welches das beste Gericht ist und beim Bäcker, welcher Kuchen der beste ist. In den Vereinigten Staaten ist die Antwort oft sehr geradeaus und persönlich und der Kellner oder die Kellnerin sagen „Also ich mag dieses wirklich gerne" oder „Das ist meine Lieblingsessen".

In China finde ich die Antwort sehr anders. Wenn der Kellner oder die Kellnerin denkt, dass etwas sehr gut ist, dann wird er oder sie etwas sagen wie „Dieses ist machbar" *(zhe ge hai ke yi*) oder „ Versuch dieses". Aber die Empfehlungen sind fast nie sehr enthusiastisch, und basieren meistens eher darauf, was andere Gäste bestellen und weniger auf der eigenen Meinung. Wenn ich zum Beispiel frage, ob ein bestimmtes Gericht lecker ist, wird die Kellnerin etwas sagen wie „Viele Kunden bestellen es" um zu zeigen, dass es eine gute Wahl ist, und „Nicht viele Leute bestellen dies" um zu zeigen, dass es nicht unbedingt wert ist, es auszuprobieren.

Ich glaube es gibt zwei Hauptgründe für einen solchen Unterschied in der Antwort. Chinesen sind oft reservierter als Amerikaner, was ihre eigene Meinung anbetrifft, besonders wenn sie mit einem Fremden sprechen. Daraus folgt, dass sie weniger enthusiastisch sind, wenn es darum geht, eine eigene Meinung zu äußern. Aber genauso wichtig ist der Fakt, dass amerikanische Kellner Essen auf der Basis ihrer eigenen Erfahrungen evaluieren, weil sie es gegessen haben, während chinesische Kellner oft ihre eigenen Produkte nicht probieren. Ihre Empfehlungen basieren also nicht auf ihren eigenen Erfahrungen, aber sehr stark auf dem Feedback von anderen Gästen.

IV
Alltägliche Etikette und Bräuche

25. Die unterschiedliche Größe des persönlichen Bereichs

Bryan und ich arbeiteten am Times Square in New York City. Die Menschenmenge dort ist konstant; man ist immer von Menschen umgeben, sogar um zwei Uhr in der Nacht. Wie auch immer, trotz des Gedränges der Menschen, sind wir selten körperlich an jemanden angestoßen (außer am Neujahrstag wenn alle eng nebeneinander stehen und darauf warten, dass der Ball angestoßen wird). Die Menschen am Times Square scheinen eine unheimliche Begabung zu haben, es zu vermeiden sich zu berühren. Sie wenden ihre Schultern, treten zur Seite oder ducken sich sogar, ohne in körperlichen Kontakt mit anderen zutreten.

In China ist die Erfahrung eine ganz andere. Wir wohnen in der Nähe von Xujiahui in Shanghai. Das ist das Äquivalent zum Times Square in New York, wo Einkäufer und Touristen in großen Massen zusammenkommen. Während der Wochenenden, findet man buchstäblich ein Meer von Menschen in Xujiahui. Anders als in New York City, scheinen sich die Leute hier nicht viel aus Körperkontakt zwischen Unbekannten zumachen.

Bryan und ich gingen an einem Wochenende zu Xujiahui, um einige elektronische Geräte einzukaufen. Als wir auf den überfüllten Straßen liefen, stießen uns immer wieder Leute an. Und wenn sie dies taten, sagten sie nicht einmal Entschuldigung. Sie liefen einfach weiter, als ob nichts passiert wäre. Bryan und ich waren sehr verärgert über dieses Verhalten. Die ersten paar Male, wenn es passierte, bewegten wir unsere Körper, um mehr Raum für die Leute zum Passieren zumachen. Beim dritten Mal, blieben wir einfach stehen, drehten uns um und sagten: „Hey, pass auf!". Als es das vierte Mal passierte, entschied sich Bryan seine Schultern aufzubäumen and fest zustehen, so dass Leute die versuchen, stoßend an ihm vorbeizukommen, zwangsweise zurückprallen. Die Leute waren sehr schockiert von dieser Aktion. Sie starrten Bryan an und ihr Gesicht sagte: „Ich kann nicht glauben, dass du nicht ausgewichen bist, als wir versucht haben, an dir vorbeizukommen!" Dann fingen wir an zu verstehen warum.

Wir realisierten letztendlich, dass in China auf überfüllten Straßen zulaufen ähnlich ist, wie Auto Scouter auf dem Jahrmarkt zufahren. Die Regel ist „Anstoßen ja, aber nur mit dem Fluss". Die Leute versuchen nicht unhöflich zu sein. Sie haben einfach eine unterschiedliche Auffassung von persönlichem Bereich. Für uns ist einen Fremden in einer Menge anzufassen, eine Verletzung des persönlichen Bereichs (es sei denn wir haben keine andere Wahl, wie in einem vollen U-Bahn-Wagen). Aber in China gibt es einen solchen persönlichen Bereich auf vollen Straßen nicht.

26. Lass keinen Platz, wenn du Schlange stehst!

Ich bin es gewöhnt wenigstens einen Fuß breit zwischen mir und Anderen Platz zulassen. Also ist mein persönlicher Bereich durch einen Kreis mit einem Durch - messer von drei Fuß definiert. Es hat sich gezeigt, dass mein persönlicher Bereich für chinesische Verhältnisse zu groß ist. Ob es in einem Krankenhaus, einer Apotheke oder im Supermarkt ist, es haben sich mehrfach Leute in einer Schlange vor mir hinein gedrängelt. Wenn ich sie dann darauf hinwies, sie sollen doch ans Ende der Schlange gehen, dann erwiderten sie „Warum haben Sie dann so viel Platzt vor Ihnen gelassen? Ich dachte Sie gehören nicht zu der Schlange!“

27. Persönlich werden

Ein Hauptunterschied zwischen Shanghai und New York City ist, dass Leute aus dem Dienstleistungsbereich sich manchmal so sehr an dem geschriebenen Regel festhalten und dabei den Geist der Regel vergessen.

Zum Beispiel gibt es in China in Restaurants und Einkaufszentren Begrüßungspersonal an den Eingängen. Ich nehme mal an, dass dies dem Zweck dient, dass der Kunde sich willkommen fühlt, wenn er ankommt und geschätzt, wenn er wieder geht. Aber das Begrüßungspersonal schafft es meistens nicht, dieses Ziel zu erreichen. Auch wenn sie sich verbeugen, einem sagen, man sei willkommen oder einem danken, drücken ihre Gesichtszüge und Körpersprache totale Langeweile und Unwillen aus. Ihre ganze Präsens lässt den Kunden sich eher unwohl fühlen und somit wirkt diese ganze Prozedur eher kontraproduktive.

Ähnlich war es als wir in ein bekanntes Eintopfrestaurant in Shanghai gingen. Die Wartezeit war über dreißig Minuten. Wir waren hungrig, weil es schon fast 20.30 Uhr war. Deshalb fragte ich die Empfangsdame nach der Speisekarte, aber sie bestand darauf, dass sie nicht erlaubt sei, einem Kunden eine Speisekarte zu geben, bevor er oder sie an seinem Tisch sitzt. Wir beide - Bryan und ich fanden diese Inflexibilität sehr überraschend. Alles in allen profitieren beide -

der Gast und das Restaurant - davon, wenn der Gast sich schon vor dem Sitzen entscheidet, was er isst.

Gäste können ihr Essen schneller haben und das Restaurant hat eine schnellere Durchlaufzeit.

Eine Art mit diesem rigiden Verhalten zu brechen, ist persönlich zu werden. Bryan frühstückte eines Morgens bei LW Marriott mit einem Kollegen von der Hauptgeschäftsstelle. Als die Rechnung kam, hatte die Einzelauflistung einen Knick am unteren Ende, so dass die Zeile mit dem Endbetrag komplett unlesbar war. Der Kollege war bestürzt. Er sagte er könnte diese Quittung wie sie ist we-

gen der Kostenrückerstattung nicht akzeptieren. Die Kellnerin erwiderte, „*Mei ban fa*“, was so viel heißt, wie sie könne nichts dagegen tun.

Glücklicherweise, war Bryan schon lange genug in China um zu wissen, dass er es auf eine andere Weise versuchen muss. Er musste persönlich mit der Kellnerin werden. Er sagte ihr, dass sein Kollege der „Big Boss“ ist, und es Bryan unangenehm ist, ihm zu erzählen, dass er keine neue Quittung für ihn bekommt. Wenn sie keine Lösung für dieses Problem findet, wird sein „Big Boss“ mit ihrem Boss sprechen und dem Boss ihres Bosses. Er wird ihm sagen, dass sie nichts für ihn getan hat, um die schlechte Quittung zu ersetzen. Wenn dass passiert, werden sie beide – Bryan und die Kellnerin ihr Gesicht verlieren.

Nach dem man ihr die Situation auf diese persönliche Weise erklärt hatte, sagte die Kellnerin sofort: „Okay, lassen Sie mich mal sehen, was ich tun kann.“ Fünf Minuten später, kam sie mit einer Brandneuen Rechnung zurück. Sie war nicht nur perfekt lesbar, sondern wies sogar den Preis in RMB und Euro aus. Der Kollege war so überrascht, dass er Bryan fragte: „Was hast du zu ihr gesagt?“ Bryan sagte: „Ich habe meine Bitte einfach ein bisschen persönlicher formuliert.“

28. Die Bedeutung eines Gentlemans

Ein Britischer Freund hatte sein erstes Date mit einer chinesischen Frau Ende zwanzig. Nach einem netten Abend, sagte er ihr gute Nacht und setzte sie in ein Taxi, dass sie nach Hause bringen sollte. Er dachte, er war ein perfekter Gentleman zu ihr. Ein paar Tage später hört er aus der Gerüchteküche, dass sie sehr aufgebracht ihm gegenüber sei. Sie fühlte sich schlecht behandelt, weil er nicht selbst mit ihr in das Taxi gestiegen ist, um sie nach Hause zu begleiten. Er dachte, dass ihr Ärger lächerlich sei. Sie ist erwachsen und deshalb selbst dazu im Stande in einem Taxi nach Hause zugelangen. Es war kein Grund für ihn dagewesen, sie bis nach Hause zu begleiten. Eine britische Frau würde das niemals erwarten.

Ich musste ihm erklären, dass chinesische Partner meistens viel beschützender und achtsamer mit ihren

Freundinnen sind. Wenn sie zusammen ausgehen, wird von ihm erwartet, dass er sie zu Hause abholt und auch zurückbringt. Es wird also erwartet, dass er für alle Taxi kosten, die Essensrechnung und alle Unterhaltungsausgaben aufkommt. Wenn die Beziehung ernster wird, wird von ihm erwartet, dass er Aufgaben für ihre Familie erledigt. Das kann renovierungsbedürftige Projekte, aber auch die Betreuung der Eltern einschließen, wenn sie krank sind. Er wird buchstäblich zu einem liebenswerten zukünftigen Schwiegersohn. Ich kenne sogar viele junge chinesische Männer, die den ganzen Weg durch die Stadt fahren, um ihre Freundin abzuholen, sie zu ihrer Arbeit zubringen und anschließend selbst zur Arbeit fahren. Am Ende des Tages holen sie sie wieder ab, bringen sie nach Hause und fahren dann selbst heim. Wenn man Shanghais furchtbaren Verkehr einberechnet, kann dieses pendeln einige Stunden in Anspruch nehmen. Ich habe mal Spaßes halber gesagt, dass sie Sklaven ihrer Freundinnen und deren Familie werden. Kein Wunder, dass so viele chinesische Eltern sich beklagen, wenn sie einen Sohn bekommen.

Glück haben, der ausländische Schwiegersohn zu sein

Als wir unser erstes Haus in New York kauften, half mein Vater freiwillig bei einigen Hausverbesserungsprojekten. Aber erwartete von Bryan, dass er sich wie der perfekte chinesische Schwiegersohn verhielt: den Werkzeugkasten für ihn zuhalten, alle Bedürfnisse meines Vaters vorauszuahnen und ihn für sein wundervolles Handwerken zu loben. Naja, lasst uns einfach sagen, dass Bryan diesen Erwartungen nicht wirklich gerecht wurde. Mein Vater seufzte, gab auf und akzeptierte den Fakt, dass er einen amerikanischen Schwiegersohn hat. Ich erzählte Bryan was er für ein Glück habe, dass er kein Chinese sei. Er hätte eine schwere Zeit gehabt, all den Erwartungen an einen chinesischen Schwiegersohn gerecht zu werden!

29. Mädchen Händchenhaltend?

Als ich einen europäischen Freund auf einer Tour durch Shanghai begleitete, fragte er mich verstohlen: „Gibt es viele lesbische Frauen in China?“ „Warum fragst du?“ fragte ich zweifelnd. „Naja“, erklärte er, „Ich sehe so viele Mädchen Händchen halten oder ihre Arme einhaken, wenn sie auf der Straße laufen.“ „Oh! Nein, überhaupt nicht!“, lachte ich.

Ich hatte mich tatsächlich so daran gewöhnt, Frauen Hand in Hand in China laufen zusehen, dass ich es nicht einmal mehr bemerkte! In China ist es kein Zeichen für Homosexualität, wenn man mit jemanden des gleichen Geschlechts Händehaltend oder Arm-in-Arm läuft. Stattdessen ist es ein Zeichen von Verbundenheit unter Freunden. Man wird oft Mädchen finden die Hand-in-Hand laufen und zusammen einkaufen. Diese Geste zeigt anderen, dass sie beste Freundinnen sind. Man sieht auch Mütter mit ihren erwachsenen Töchter Arm-in-Arm auf einem Einkaufstrip. Es eigentlich eher ungewöhnlich, chinesische Mütter und Töchter zu finden, die unabhängig nebeneinander herlaufen. Wenigstens ein kleiner Teil ihrer Körper wird sich berühren, und wenn es nur eine Hand ist, die auf dem Arm der anderen aufliegt oder Schultern, die sich aneinander reiben.

Auf die gleiche Weise ist es sozial akzeptabel für Männer, den Arm um die Schulter eines anderen Mannes zulegen, während sie durch die Straßen laufen. Es drückt einfach aus, dass sie beste Freunde sind. Körperkontakt zwischen Männern lässt nicht die Männlichkeit schrumpfen. Das Gegenteil ist der Fall, oft sind es die männlichsten und athletischsten chinesischen Männer, die die Arme um die Schulter eines anderen legen.

30. Die Herren zuerst

Bryan und ich gingen zusammen mit amerikanischen Freunden, die für einen Kurzbesuch in China waren in ein gehobenes westliches Restaurant aus. Als wir uns hingesetzt hatten, schenkte der Kellner für unseren männlichen Gast zuerst Wasser ein, dann für Bryan und zum Schluss für die Frauen. Als er anfing einzuschenken, versuchte unser Freund ihn darauf aufmerksam zumachen, den Frauen zuerst einzuschenken, aber ohne Erfolg. Als die Vorspeisen serviert wurden, versuchte der Kellner wieder die Herren vor den Damen zu bedienen. Unser männlicher Gast wurde sehr ärgerlich mit dem Kell-

ner. Er sagte scharf zu ihm, „Bitte bedienen Sie die Damen zuerst."

Als der Kellner vom Tisch verschwunden war, erklärten Bryan und ich unserem Freund, warum der Kellner immer ihn zuerst serviert. Im Chinesischen Brauch, serviert der Kellner zuerst für den ältesten Mann. In unserem Fall war unser Freund der älteste Mann am Tisch, deshalb wurde er zuerst bedient. Die jüngste Frau wird typischerweise als letztes bedient. In diesem Fall war ich die Letzte, die ihr Essen bekam. Das westliche Konzept von „Ladies first" greift in China nicht.

Auf die gleiche Weise wird erwartet, wenn man durch eine Tür eintritt oder in einen Fahrstuhl, dass die Nachwuchskräfte die Tür für die hochrangigen Mitarbeiter öffnen und aufhalten, während diese anhand ihres sozialen Rankes eintreten, ohne dabei darauf zu achten, ob sie männlich oder weiblich sind. Wenn zwei Personen den gleichen Rank haben, treten sie nach ihrem Alter ein.

Eine chinesische Regierungsbeamtin kommentierte einmal, dass sie nur merkt, dass sie eine Frau ist, wenn sie in westliche Länder reist, weil sie dort wie eine Dame behandelt wird. In China, wird sie wie ein Mann in einen von Männern dominierten Beruf behandelt. Keiner würde ihr die Tür öffnen, nur weil sie eine Frau ist, stattdessen geben ihr Leute den nötigen Respekt wegen ihres Rankes und ihres Alters.

31. Spät kommen, früh gehen

Kurz nachdem wir in Shanghai angekommen waren, hat uns einer von Bryans Mitarbeitern zu einer Hochzeit eingeladen. Als Chef, wurde erwartet, dass Bryan der Ehrengast auf der Hochzeitsfeier ist, was soviel heißt wie, dass von ihm erwartet wurde, eine Rede zu Ehren des Brautpaares und ihrer Familien zuhalten. Aber es stellte sich heraus, dass es eine andere sehr wichtige Etikette gibt: Später kommen und früher gehen als die meisten anderen Gäste.

Als Ehrengast wurde von Bryan (und mir) nicht erwartet früh auf dem Fest zu erscheinen. Die chinesische Hochzeitsfeier fängt normalerweise um 18 Uhr an. Die meisten Leute kommen so gegen 17.30, aber wir sollten nicht. Von uns wurde erwartet, kurz bevor die formelle Zeremonie um 18 Uhr an fing, zu erscheinen.

Wir sollten auch nicht bleiben, bis die Party vorbei war, weil frühes Gehen ein Zeichen für Wichtigkeit ist. Die hochrangigsten Personen und ihre Familienmitglieder müssen das Bankett als erstes verlassen. Erst nachdem sie gegangen sind, können die anderen Gäste anfangen sich zu verabschieden.

Da es unsere erste chinesische Hochzeit war, wollten Bryan und ich gern bleiben und alles sehen. Aber wir stellten fest, dass die Leute sich nicht richtig wohl fühlten zu feiern, wenn der Boss dabei ist. Also gingen wir viel früher als wir wollten. Am nächsten Tag wurde uns erzählt, dass die richtig Party erst anfing, nach dem wir gegangen waren. Ich denke mal, das ist der versteckte Nachteil, wenn man der Boss in China ist –wie schade!

32. Klingeling, mach ruhig, heb ab

Bryans Big Boss aus Deutschland ist der Geschäftsführer von einem Multimilliarden Dollar Unternehmen. Er kommt ein paar Mal im Jahr nach China für wichtige Aufsichtsratssitzungen mit den verschiedenen Teilhabern.

Während eines formalen Treffens in Shanghai, an dem die meisten chinesischen Hauptinhaber teilnahmen, entstand eine hitzige aber respektvolle Diskussion und der Big Boss unterbreitete seine Ansicht zu den nächsten Schritten der Teilhaber. In der Mitte der Rede fing das Handy eines chinesischen Partners zu klingeln an. Die Deutschen und Amerikaner im Raum erwarteten, dass er sofort das Handy ausschaltet und sich für die Unterbrechung entschuldigt. Zur gleichen Zeit schauten sie auf ihre eigenen Handys, um sicher zu sein, dass diese ausgeschaltet sind.

Die meisten Westländer waren überrascht, als der chinesische Partner dass Handy nicht ausschaltete und sogar eine zwei-minütige Unterhaltung mit dem Anrufer führte. Der deutsche Geschäftsführer war bestürzt. Er dachte die chinesischen Partner seinen unhöflich und respektlos ihm gegenüber, weil er seinen Anruf während eines wichtigen Treffens annahm. Obwohl alle Tagesordnungspunkte besprochen wurden, endete die Sitzung mit keiner freundlichen und warmen Note.

Nach der Vorstandssitzung erklärte Bryan seinem Boss, dass es in China nicht unhöflich ist, einen Anruf während einer Sitzung anzunehmen. Der chinesische Partner hat nicht versucht respektlos zu sein, indemer den Anruf annahm. Es ist einfach eine Angewohnheit. Und er wusste wahrscheinlich nicht, dass es als unhöflich angesehen werden wird.

Als der deutsche Geschäftsführer im darauffolgenden Jahr nach China kam, hatte er gelernt sich nicht darüber aufzuregen, wenn chinesische Partner während Sitzungen mit ihren Handys telefonierten. Als von den chinesischen

Partnern ein Bankett für ihn gegeben wurde, schaltete er selbst sogar sein Handy nicht aus. Als es klingelte sagte er, „Entschuldigen Sie“ und nahm den Anruf an ganz genauso wie in der chinesischen Welt. Er hat sich schnell an die chinesische Art gewöhnt!

Handys und Nora Jones

Vor ein paar Jahren gingen Bryan und ich in China zu einem Nora Jones Konzert. Die Arena, in der sie auftrat war voll mit Fans, die meisten Chinesen.

Trotz der Ansage, die Handys während des Konzertes auszuschalten, hatten viele Leute sie trotzdem angeschaltet. Ein paar Mal wurden die Jazz Töne von klingelnden Handys unterbrochen. Am Anfang ignorierte die gutherzige Künstlerin die Unterbrechung und machte weiter. Aber als das Klingeln gerade dann losging, als sie ein softes und besänftigendes Klaviersolo spielte, wurde Nora Jones letztendlich doch ärgerlich und hörte auf zu spielen. Sie wartete bis das Klingeln aufhörte. Weniger als eine Minute nach dem sie wieder angefangen hatte zu spielen, fing ein anderes Handy anzuklingeln. Diesmal hörte sie auf, schüttelte ihren Kopf und grinste über diese lächerliche Situation.

Während andere Diven böse von der Bühne gestampft wären, sagte sie nur mit sanfter Stimme in die Richtung des Klingelns, wirst du diesen Anruf annehmen? Während dessen fingen viel Fans an- Chinesen und Ausländer - die Person auszubuhen, deren Handy geklingelt hatte. Wegen ihrer Großzügigkeit und ihrem Humor ging der Rest des Konzertes ohne Unterbrechungen von Handys weiter.

33. Behalte die Unterhose an

Europäer und Amerikaner sind es normalerweise gewohnt, sich komplett auszuziehen, wenn sie im Westen eine Massage erhalten. In China kann diese Angewohnheit große Peinlichkeit erzeugen.

Eines Abends war ich in meinem Lieblingsmassagecenter und stellte fest, dass die Empfangsdame sehr nervös war. Weil ich ein kontinuierlicher Gast der Einrichtung bin, erzählte sie, mir was passiert war. Ein männlicher Europäer zog sich im Behandlungsraum komplett nackt aus. Die Massagetherapeutin – ein junges Mädchen Anfang zwanzig, floh mit einem hochroten Gesicht aus dem Zimmer. Die Empfangsdame, die unverheiratet und ebenfalls sehr jung war, aber die Einzige die Englisch sprechen konnte, musste hineingehen und ihm sagen, dass er wenigstens die Unterhose anlassen sollte. Sehr zu ihrer Überraschung und ihrem Ärger, forderte er sie heraus und fragte, warum er nicht nackt sein könne, wo es doch in seinem Heimatland normal ist. Die Empfangsdame musste ihm erklären, dass Nacktheit durch chinesische Gesetze verboten ist. Das ist der Grund, warum die Massagecentren ihren Gästen lose sitzende Pyjamas zum Anziehen geben. Dadurch können die Hosenbeine, bei der Beinmassage hochgerollt werden. Und für die Oberkörpermassage, können die Kunden einfach das Pyjama Oberteil ausziehen und es somit der

Masseuse ermöglichen den Rücken zu massierten, und das Oberteil wieder überwerfen, wenn sie ihren Körper umdrehen.

Das Massagecenterpersonal findet es auch sehr bizarr, wenn europä-ische Mädchen in den gemischt geschlechtlichen Bereichen des Centers nur in ihren Unterhosen und BHs rumlaufen. Ich fragte die Dame, ob sie diese denn auch auffordern sich angemessen anzuziehen. Die Empfangsdame sagte mir„Nein, wenigstens sind sie nicht nackt. Wenn es ihnen nichts ausmacht, sich öffentlich zur Schau zustellen, dann sollen sie ruhig."

Anmerkung:

Zusätzlich zu der Anti-Nackheits-Regel hat die chinesische Regierung beschlossen, dass in Massagecentern keine Privaträume erlaubt sind, die komplett von dem öffentlichen Bereichen abgeschottet sind. Das bedeutet, es muss eine Öffnung oder ein Fenster geben, durch das die Leute von außen hineinschauen können. Das ist damit die Massagecentren eben auch als solche genutzt werden und nicht für Prostitution.

Diese Regel scheint es aber nicht für westliche Spas in China zugeben. Ich war in vielen Spas in hochklassigen Hotels in China, in denen es individuelle Behandlungsräume für Massagen gab. Ich nehme mal an, dass es andere Regeln für Spas gibt. Auf der anderen Seite sind die Preise, die man in Spas zahlt viel höher als in den Massagecentren. Sie kosten genauso viel wie im Westen. Darüberhinaus kann man in solchen Spas während der Massage auch komplett nackt sein. Die Masseuse bedeckt die Privatbereiche mit einem Handtuch, ganz wie im Westen. Ich glaube man bezahlt für die Privatsphäre und das Privileg nackt sein zu dürfen mehr in diesen Spas.

34. Niesen gegen Schnäuzen

Die Chinesen finden es sehr verwirrend, wenn Westliche niesen, und sofort danach „Tut mir leid" sagen. Und ihre Freunde erwidern, „Gott beschütze dich". Die Chinesen verstehen nicht, warum man sich entschuldigen sollte, wenn man niest, es ist ja nicht so, dass man es mit Absicht macht.

Auf der anderen Seite finden sie es sehr offensive, wenn Westliche ihre Nase laut auf der Straße schnäuzen. Einige meiner chinesischen Freunde sagen mir, dass sie es nicht so toll finden wie westliche Frauen und Männer, ihre Nase laut in ein Taschentuch schnäuzen und dann das dreckige Tuch in ihre Tasche packen. Die Chinesen, auf der anderen Seite, versuchen ihre Nase so leise wie möglich mit einem Papiertaschentuch zu putzen und es dann so schnell wie

möglich wegzuschmeißen.

Ich habe mich immer über meine Mutter lustig gemacht, die so leise ihre Nase putzt, dass es fast so aussieht als of sie einfach nur an dem Tuch schnuppert. Und sie hat mich jedes mal ermahnt, wenn ich laut schnäuzte und mich davor gewarnt, mein Gehirn nicht raus zu pusten. Ich packe ein dreckiges Taschentuch oft einfach in meine Tasche, bis ich einen Mülleimer finden kann, aber sie hält es solide zwischen ihren beiden Fingern und rennt zum nächsten Mülleimer.

35. Vorfahrtsregeln

Viele Ausländer denken, dass es sehr schwer ist, in China Auto zufahren und wollen nicht selbst fahren. Wie auch immer, mein Mann liebt Autofahren (er sagt, dass Amerikaner mit dem Lenkrad in der Hand geboren werden), und die letzten zwei Jahre ist er jetzt in Shanghai gefahren.

Bryans Kommentare zum Fahren in Shanghai sind wie folgt: „Viele meiner Freunde denken, dass Fahren hier ist zu gefährlich wegen der vielen Fahrräder und Fußgänger, aber ich denke eigentlich ist das Fahren hier in Shanghai nicht wirklich gefährlicher als in sagen wir New York. Ich bin für über fünf Jahre in New York gefahren, das hat mir ein gutes Training gegeben. Solange man versteht, dass die Straßenregeln in China etwas anders sind, ist alles in Ordnung."

Insbesondere, eine der wichtigsten Fahrregeln – Wer die Vorfahrt hat – ist in China anders als im Westen. Wenn man das verstanden hat, ist das Fahren auch für die Westlichen viel sicherer. Im Westen, hat das Auto das geradeaus fährt vorfahrt gegenüber dem, dass nach links abbiegt. Das bedeutet wenn man gerade auf eine Kreuzung fährt und ein Auto auf der gegenüberliegenden Seite nach links abbiegen will, dass dieses Auto wartet bis man vorbei gefahren ist. Das ist aber nicht der Fall in China. Sehr oft biegen Autos vor den geradeausfahrenden Autos links ab und erwarten, dass diese anhalten. Zusätzlich würden Autos, die im Westen auf eine Autobahn fahren, typischerweise warten, bis die geradeausfahrenden Autos vorbeigefahren sind. Wieder haben die Autos die geradeaus fahren vorfahrt und die Autos, die von rechts kommen, müssen warten. Aber in China ist es üblich, einfach auf die Autobahn zufahren, ohne Ausschau zuhalten, ob da genug Platz ist, um hineinzufahren. Die Annahme ist, dass das Auto, dass geradeausfährt, und im Westen die Vorfahrt haben würde, die Autos die auf die Straße kommen einfach besser sieht und ihnen ausweichen wird. Man muss auch Ausschau nach Fahrradfahrern und Motorradfahrern halten, die plötzlich auf die Fahrbahn fahren und von dem Verkehr erwarten, dass er für sie langsamer fährt. Die rationale Annahme ist, dass wenn ein Fahrzeug, dass von rechts kommt warten würde, bis der Weg frei ist, würde er niemals auf die Straße kommen.

Als ich einmal verstanden hatte, dass das Vorfahrtsprinzip anders ist (oder ignoriert wird), wurde mein Autofahren viel defensiver, aber auch viel sicherer. Ich habe gelernt einzuschätzen, was die anderen Fahrer vorhaben. Es kann sein, dass dies nicht den chinesischen Gesetzen entspricht, aber es ist das, was in der Praxis geschieht. Man muss einfach nur darauf vorbereitet sein.

36. Häng deine Wäsche nach draußen

Einmal fragte ich eine amerikanische Dame, die erst vor kurzem nach China gezogen war, wie sie das Leben hier mag. Sie sagte, „Meine Wohnung ist von innen super, aber ich hasse sie von außen. Ich finde es peinlich meinen Freunden zu sagen, dass ich in einem Gebäude lebe, wo die Leute ihre Wäsche zum Trocknen auf den Balkon hängen."

Währenddessen beschweren sich meine Mutter und unsere Haushälterin bei mir zu Hause, dass unsere Wohnung einen zu kleinen Balkon hat, um unsere Wäsche zum Trocknen nach draußen zuhängen. Stattdessen müssen wir uns auf unseren Wäschetrockner verlassen und die halbnasse

Wäsche in der Wohnung zum Trocknen aufhängen.

Einmal erzählte ich unserer Haushälterin, dass in den Vereinigten Staaten, Wäsche niemals draußen auf einer Wäscheleine getrocknet wird. Alles wird im Wäschetrockner getrocknet. Ich erzählte ihr, dass es als unzivilisiert angeshen wir, seine Unterwäsche in der Öffentlichkeit zu trocknen. Sie war sichtlich schockiert. „Was? Sie trocknen Ihre Unterwäsche niemals in der Sonne? Wie können sie dann richtig sauber sein? Man braucht die Sonne und ihr ultra-violettes Licht, um die Bakterien in der Unterwäsche abzutöten." Ich konnte sie nicht überzeugen, dass die Waschmaschinen und der Trockner die Sachen genug sauber machen.

Jetzt haben wir einen Kompromiss gefunden. Wir lassen die Sachen erst im Trockner halbtrocken werden, so dass sie nicht mehr tropfen, dann versucht unsere Haushälterin einen sonnigen Platz in unserer Wohnung zu finden und trocknet sie auf dem Wäscheständer.

37. Nachts sind Parks für Liebespaare

Als Bryan und ich noch in Manhatten gewohnt haben, sind wir in schönen Nächten oft zum Spazieren in Parks gegangen. Wir nahmen unseren Hund mit und schoben den Kinderwagen während wir spazierten. Im Park, haben wir immer viele andere Familien getroffen, die mit ihren Babys oder Hunden spazierten, oder Jogger und Rollschuhfahrer, die noch etwas Sport trieben, bevor der Tag zu Ende ging.

Als wir erst kürzlich nach China gezogen waren, versuchten wir das Selbe zutun aber stellten schnell fest, dass die Leute das hier nicht so machen.

Es war in einer kühlen Herbstnacht, als Bryan und ich uns entschieden, noch einen Spaziergang zu machen, nach dem wir ein großes Abendessen zu uns genommen hatten, um noch ein paar Kalorien loszuwerden. Die Parks in China sind nur dürftig beleuchtet, deshalb merkten wir zunächst nichts als wir in den Park eintraten. Nach dem sich unsere Augen langsam an die dunkle Umgebung gewöhnt hatten, sahen wir viele Paare in intimen Positionen auf den Parkbänken. Of waren es sogar drei Paare auf einer Parkbank. Als wir weiter gingen, stellten wir fest, dass nicht nur die Bänke, nein auch alle anderen Sitzmöglichkeiten waren von Liebespaaren besetzt. Wir waren so peinlich berührt in die Intimsphäre dieser Paare eingedrungen zu sein, dass wir buchstäblich nicht wussten, wo wir hinschauen sollten. Also senkten wir schließlich unsere Köpfe und liefen flink aus dem Park heraus. Der Bereich in der Nähe des Parkeingangs war hell mit Stadium-Scheinwerfern erleuchtet. Dort fanden wir älteren Leute und junge Kinder, die spielten. Sie hatten den Park für die Liebespaare freigeräumt.

In China gehören den Alten, den Kindern und den Familien die Parks während des Tages, aber in der Nacht gehören sie den Liebespaaren!

38. Die alten Damen feuerten mich an!

In Shanghai findet jeden November ein Marathon Wettbewerb statt. Vor zwei Jahren entschieden Bryan und seine Kumpels den halben Marathon mitzulaufen. Obwohl er es sich vorgenommen hatte, hatte er leider keine Möglichkeit, für das Rennen zu trainieren. Deshalb forderte ich ihn auf, stattdessen nur das 5km Spaß-Rennen zulaufen. Aber Jungs sind nun eben Mal Jungs. Aus der Angst, dass seine männlichen Freunde sich über ihn lustig machen könnten und getrieben von Testosteron, entschied Bryan sich dafür, den Halbmarathon ohne jegliche Vorbereitung anzutreten.

Die ersten zehn Kilometer verliefen gut, deshalb dachte er es ist keine große Sache noch die anderen 10 Kilometer zulaufen. Aber langsam wurde jeder zusätzliche Kilometer immer schwerer. Er dachte darüber nach aufzugeben und begann immer wieder nur zugehen. Das Einzige, das ihn ermutige weiter zu rennen, waren die alten Damen an jeder Kilometermarke.

Während des New York City Marathons gibt es immer tausende Leute die anfeuern. Oft sind dies die Freunde und die Familie von den Teilnehmern. In China sind die Cheerleaders die Rentnerinnen und manchmal ältere Männer aus der näheren Nachbarschaft. Sie tragen leuchtend rote Kleidung und tanzen mit Trommeln und Gongs. Jedesmal wenn sie sehen, dass sich ein Teilnehmer der Kilometermarke nähert, fangen sie anzutanzen und schreien „*jia you, jia you!*“, was übersetzt so viel wie „Gib Gas, gib Gas!“ bedeutet, um die Teilnehmer anzufeuern. Auch als Bryan immer erschöpfter wurde, riss er sich immer wieder zusammen, wenn er an den alten Damen vorbeilief. Ihr Enthusiasmus hielt ihn im Gang.

In China kann man am frühen Morgen, am Abend oder an den Wochenenden diese Rentner und Rentnerinnen auf vielen Straßen und in Parks ihre Lieder und Tänze üben sehen. Ihre Aktivitäten belaufen sich von Gesellschaftstanz bis zu Kriegskunst, von Taigi zu Chorübungen. Sie sehen immer konzentriert aus und scheinen Spaß bei ihren Aktivitäten zuhaben. Für sie sind diese Aktivitäten nicht nur eine lustige Art mit Freunden und Nachbarn Kontakt zu halten, sondern auch eine ausgezeichnete Form der Bewegung, die sie in ihrem hohen Alter fit und gesund erhält.

Nächsten Sommer sind die 2008 Olympischen Spiele in Beijing. Schon jetzt sehe ich viele Omas und Opas in der Hauptstadt für die Olympischen Spiele üben. Ich wette man wird Millionen Rentner und Rentnerinnen nächsten Sommer in Beijing finden, um auf ihre Art die Athleten willkommen zu heißen und anzufeuern!

39. Mit Freunden singen

Karaoke oder singen mit einer Gruppe von Freunden oder Kollegen ist sehr beliebt in China. Viele unsere westlichen Freunde sind überrascht, wenn sie das hören, und noch viel mehr wenn sie hören, dass Bryan und ich daran teilnehmen. Karaoke ist nicht so beliebt in westlichen Ländern, deshalb fragen uns unsere Freunde oft, warum es hier so beliebt ist.

Unsere Erklärung ist, dass Chinesen dazu neigen, zurückhaltend, ruhig und diskret in ihrer Arbeit und in ihrem sozialen Leben zu sein und Singen gibt ihnen die Möglichkeit etwas auf zu lockern und sich vor ihren Freunden auf zu spielen. In Karaoke-Räumen können zehn oder mehr Leute sitzen, so dass es ein Treffpunkt für eine große Gruppe ist. Jeder kann etwas trinken, mit Würfeln oder anderen Spiele spielen und Lieblingslieder singen. Bryan mag es mit Geschäftskollegen oder Partners zum Karaoke zu gehen, um zu zeigen, dass ihre Beziehung mehr als nur Arbeit einschließt und auch um ihnen zu zeigen, dass er ein paar Lieder (aber wirklich nur ein paar) hat, die er super gut singen kann.

Die meisten unsere westlichen Freunde sagen, dass es ihnen zu peinlich wäre, vor anderen zu singen. Was interessant ist, ist dass sie niemals ein Problem damit haben, eine Präsentation vor Zuschauern zuhalten oder während eines Arbeitstreffens zusprechen. Viele Chinesen, auf der anderen Seite, sind eher zurückhalten wenn sie in der Öffentlichkeit sprechen, aber würden sich nie nehmen lassen, Karaoke vor ihren Freunden zumachen. Menschen drücken sich auf verschieden Weise aus!

40. Bademantel am Strand

Unser Lieblingsurlaubsort in China ist Sanya, die südlichste tropische Stadt auf der Hainan Insel. Als wir das erste mal dort hinfuhren, sahen wir alle chinesischen Urlauber am Strand, am Pool und in den anderen öffentlichen Bereichen ihre Bademäntel tragen. Am Anfang fanden wir dieses Verhalten sehr merkwürdig, weil man in westlichen Ressorts selten jemanden außerhalb der Zimmer Bademäntel tragen sieht.

Als wir uns dann mehr und mehr in dem Resort umschauten, sahen wir Bilder von chinesischen Beamten, die das Resort in ihren Hotelbademänteln besuchten. Wir reimten uns zusammen, dass dies der Grund sein muss, warum sie die Bademäntel trugen. Wenn es für ihre Führer in Ordnung ist, dann muss es auch in Ordnung sein, wenn sie das Gleiche tun.

Wir hatten sogar zwei Paar Bademäntel in unserem Hotelzimmer. Ein Paar war aus Frottee-Stoff gemacht und war für das Tragen im Zimmer nach dem Duschen gedacht. Das andere Paar war aus dünnem Baumwollstoff gemacht. Diese waren diejenigen, die wir die anderen Leute draußen tragen gesehen haben (die Gleichen, die auch die Beamten in den Bildern getragen hatten).

Bei unserem letzten Trip nach Sanya, sahen wir auch westliche Touristen, die Bademäntel am Pool tragen. Ich nehme mal an, sie haben sich die lokale Mode angewöhnt!

41. Sie kann nicht hören, was sie nicht versteht

Zu Hause spreche ich Englisch mit meinem Mann, Mandarin mit meinen Kindern und Shanghai Dialekt mit unserem Kindermädchen. Meistens bin ich dazu in der Lage, die Sprache von Satz zu Satz zu ändern. Aber es wird echt schwierig, wenn zwei von ihnen zur gleichen Zeit zusprechen anfangen.

Ein interessantes Phänomen was ich beobachtet habe ist, dass jede Person die Sprache ausblockt, die er oder sie nicht versteht.

Bryan und ich hatten eines Abends zu Hause eine nette Unterhaltung. Während Bryan mit mir redete, fing unser Kindermädchen abrupt eine Unterhaltung mit mir über unseren Sohn an. Bryan hörte mitten im Satz auf und starrte sie an, erstaunt darüber wie unhöflich es war, ihn zu unterbrechen. Das Kindermädchen war sich Bryans Ärger keineswegs bewusst. Sie erzählte ihre Geschichte ohne jede Pause. Für sie war unsere englische Unterhaltung wie Hintergrundgeräusche und sie schien nicht zu wissen, dass sie uns unterbrochen hatte. Als ich ihr kurz geantwortet hatte, erklärte ich Bryan, dass sie uns nicht unterbrechen wollte. Sie konnte einfach nicht hören, was sie nicht versteht.

Auf die gleiche Weise unterbricht manchmal Bryan eine Unterhaltung, die ich mit dem Kindermädchen führe, weil er nicht realisiert, dass wir uns unterhalten. Sein Gehirn filtert automatisch den Shanghai Dialekt als unwichtiges Hintergrundgeräusch heraus. Wenn das also passiert, mache ich immer eine kurze Pause in der Unterhaltung mit meinem Kindermädchen, und sage Bryan „Halte deinen Gedanken fest", und beende zuerst meine Unterhaltung mit dem Kindermädchen.

Ein paar Mal habe ich versucht, zwei Unterhaltungen auf einmal zu führen, weil ich dachte eine von ihnen sei kurz. Aber diese Taktik ging schief. Beide wurden sehr böse auf mich, weil ich ihnen nicht 100% meiner Aufmerksamkeit geschenkt habe. Wenn sie jetzt zur selben Zeit anfangen zusprechen, unterbreche ich beide mit einem Lachen und mache sie auf die Taubheit gegenüber ihrer Sprachen aufmerksam.

V
Überzeugungen

42. Große Ohren und Fleischige Nasen bedeuten Glück

Wann immer unsere chinesischen Freunde unsere Kinder treffen, geben sie ihren Ohren besondere Aufmerksamkeit. Sie geben meinem Sohn entweder ein Kompliment für seine großen Ohren und großen Ohrläppchen oder loben unsere Tochter dafür, dass sie perfekt geformte Ohren für ein Mädchen hat.

Wie es sich herausgestellt hat, sind große Ohren mit dicken und langen Ohrläppchen sehr vielversprechende Zeichen. Leute, die sie haben sollen sehr viel Glück in ihrem Leben haben. Die Wahrscheinlichkeit sei höher, dass sie eine glückliche Kindheit haben und erfolgreiche Erwachsene werden. Auf die gleiche Weise, soll es für jemanden mit einer fleischigen Nase wahrscheinlicher sein, dass er mit vierzig oder fünfzig finanziell ausgesorgt hat. Als ich die Leute gefragt habe, warum sie das denken, sagen sie, „Guck dir den Glücksbuddha an, er hat große Ohrläppchen und eine fleischige Nase!"

Das ist der Grund, warum viele Chinesen Leuten auf die Nase und die Ohren schauen, um zu sehen, ob diese Person Glück hat. Sogar einige von Bryans chinesischen Teilhabern haben seine Gesichtszüge kommentiert. Einer der Partner sagte Bryan bei seinen ersten persönlichen Treffen, dass er Bryan vertraut und dass er eine gute Arbeitsbeziehung vorhersehen kann, weil Bryan ein rundes Gesicht, eine fleischige Nase und große Ohrläppchen hat.

Das witzige an der Sache ist, dass wir nun auch anfangen, die Ohrläppchen und Nasen von Menschen anzuschauen. Sehr zu meiner Überraschung stellte ich fest, als ich das Forbes Magazin mit den reichsten Personen der Welt anschaute, dass die meisten von ihnen große Ohrläppchen haben. Bryan sagte spaßeshalber, dass er jeden Tag an seinen Ohrläppchen ziehen sollte, um noch mehr Glück zuhaben!

43. Farben und Traditionen

Rot

Rot ist die Farbe des Glücks oder des guten Schicksals. Das ist der Grund, warum die traditionelle chinesische Hochzeitsfarbe Rot ist. Die Frau ist einen roten qipao, oder einen langen körpergerechten Umhang gekleidet. Der Mann trägt eine große rote Schärpe über seinem langen schwarzen Umhang. (Heutzutage tragen viele Bräute und Bräutigams weiße Hochzeitskleider und Smokings wie im Westen, aber sie haben immer ein traditionell rotes chinesisches Kleid zum Wechseln, nach dem das Eheversprechen ausgetauscht wurde).

Babys und alles was mit Fruchtbarkeit verbunden ist, wird mit der Farbe Rot symbolisiert. Zum Beispiel, gibt eine frischgebackene Mutter hartgekochte rotgefärbte Eier an alle ihre Freunde. Auf diese Weise versucht sie ihre Fruchtbarkeit und ihr gutes Schicksal an ihre Freunde weiterzugeben.

Zusätzlich wird angenommen das Rot Böses und Unglück abwehrt. Die Chinesen glauben, dass man besonders viel Pech hat in dem Sternzeichenjahr, in dem man geboren ist. Zum Beispiel, wenn man in dem Jahr des Hundes geboren wurde, wird jedes Hundejahr als besonders gefährlich für einen angesehen. Um sich in diesen Jahren besonders zu schützen, tragen Chinesen das ganze Jahr rote Unterwäsche. Also wenn du das nächste Mal rote Unterwäsche an einer

Wäscheleine flattern siehst, kannst du dir sicher sein, dass der Bewohner in dem aktuellen Sternzeichenjahr geboren wurde.

Weiß

Weiß ist die Farbe, die mit Beerdigungen verbunden wird. Während Beerdigungen werden Häuser mit weißen Blumen und Kränzen dekoriert. Weiße Blumen werden den Angehörigen des Verstorbenen als Zeichen der Kondolenz übergeben. Deshalb ist es äußerst wichtig, dass man weiße Blumen nicht an chinesische Freunde verschenkt, besonders nicht, wenn jemand krank ist.

Die Reinigungskraft meiner westlichen Freundin wurde auf einmal krank, deshalb brachte meine Freundin ihr einen wunderschönen Strauß weiße Lilien ins Krankenhaus. Die Reinigungskraft fühlte sich sehr unwohl mit dem Geschenk, aber sie erklärte meiner Freundin nicht warum. Erst ein paar Tage nach dem sie aus dem Krankenhaus entlassen wurde erzählte sie meiner Freundin von dem Problem. Sie hatte Angst, weil man weiße Blumen nur gibt, wenn jemand gestorben ist oder zu sterben droht. Neben dem verschenken von weißen Blumen ist es auch ein Tabu weiß in den Haaren zutragen. Als ich

ein kleines Mädchen war, kaufte ich mir ein Haarband mit zwei großen weißen Perlen. Es war Sommer und ich dachte es würde hübsch mit meiner Kleidung aussehen. Es war einen Sommer als ich meine Großmutter väterlicherseits besucht. Mein Vater bemerkte meinen Haarschmuck. Er war entsetzt. Mit einer strengen Stimme befahl er mir, das Haarband sofort zu entfernen. Dann erklärte er mir, dass weiß die Beerdigungsfarbe ist und es in meinem Haar zutragen, bedeute, dass einer meiner Eltern oder Großeltern gerade gestorben wäre. Zusätzlich wird als Unglück bringend angesehen, weiß in den Haaren zutragen, wenn niemand gestorben ist. Es kann sogar bedeuten, dass man den unerwarteten Tod eines Familienmitglieds hervorruft. Ich nahm das Haarband ohne etwas zusagen aus meinem Haar und verstaute es tief in meinem Schmuckkästchen.

Schwarz

Schwarz ist im Chinesischen eine düstere Farbe. Sie drückt Förmlichkeit aus und ist ebenso eine Beerdigungsfarbe. Wenn man eine Beerdigung besucht, tragen Freunde und alle entfernten Verwandten schwarz (während weiß für die unmittelbare Familie reserviert ist). Und sogar Monate nach der Beerdigung tragen die Kinder des Verstorbenen oft schwarze Armbänder, um ihre Trauer zu zeigen. Enkelkinder aber haben kleine rote Quadrate an ihren schwarzen Armbänder. Die kleinen roten Quadrate stehen dafür, dass der Verstorbene lang genug gelebt hat, um Enkelkinder zuhaben, es ist also ein Symbol für Glück und Langlebigkeit.

Grün

Grün ist typischerweise eine harmlose Farbe. Ein grüner Hut auf dem Kopf eines Mannes bedeutet, dass er ein betrogener Ehemann ist. Wenn man jemanden eine Schildkröte nennt, bedeutet es das Selbe.

44. Zahlen und ihre Bedeutung

In westlichen Ländern, gibt es oft kein dreizehntes Stockwerk in Hotels oder Wohnhäusern. Dreizehn wird seit Jahrzehnten als eine Unglückszahl angesehen. Zusätzlich hat die Zahl 666 eine Verbindung zum Teufel. Naja wir sind ebenfalls gegenüber einigen Zahlen abergläubisch.

Vier

Die Zahl „4“ ist eine Unglückszahl für Chinesen. Das Wort „vier“ ist ein Homonym für das Nomen „Tod“ und das Verb „sterben“. Deshalb bevorzugen es Chinesen nicht an Orten zu leben, die die Zahl vier in der Adresse haben. Eine meiner guten Freunde aus Shanghai, wollte während ihrer Haussuche nicht einmal in ein Haus gehen und den wunderschönen Garten sehen, dass die Nummer vier in der Straßenadresse hatte. Sie erklärte mir, dass ihr Ehemann eher in einem Haus mit der Nummer 13 leben würde als mit der Nummer 4. Genauso sind sie gegenüber den Zahlen wie 14 oder 44 abergläubisch und meiden sie. Einige Hotels in China haben heutzutage nicht einmal eine 44 Etage, weil die meisten Chinesen dort nicht wohnen wollen würden.

Acht

Die Zahl „8“, auf der anderen Seite, ist eine Glückzahl. Sie hört sich wie das

chinesische Wort für „reich werden“ an, besonders im Kantoneischen. Deshalb lieben es Geschäfte, die Zahl Acht in ihrer Adresse oder Telefonnummer zuhaben. Sie glauben, dass das Benutzen der Zahl 8 ihnen Glück und Reichtum bringt. Die Leute geben sogar viel Geld aus, um eine Telefonnummer oder eine Lizenzplakette zukaufen, die die Zahl „8“ enthält. Wenn man also eine Lizenzplakette sieht, die komplett aus Achten besteht, kann man sich sicher sein, dass es sich um einen Geschäftsmann handelt, der ein Vermögen dafür ausgegeben hat! Auf die gleiche Weise gibt es eine größere Nachfrage nach Gebäude mit der Zahl „8“ in der Adresse.

Sechs

Die Zahl „6“ ist ebenfalls eine günstige Zahl. Sie klingt ähnlich wie das chinesische Wort für “Fröhlichkeit”. Als Bryan und ich in Manhatten lebten, begann unsere Adresse mit „666“. Die meisten unserer westlichen Freunde machten sich über uns lustig, in dem sie sagten wir leben unter der Teufelsadresse. Aber alle unsere chinesischen Freunde (und ich) fanden, dass die Adresse großartig war. Sie stand für dreifache Fröhlichkeit.

Achtunddreißig

Man muss vorsichtig sein mit der Zahl „38“. Sie ist besonders problematisch, wenn sie mit Frauen in Verbindung gebracht wird. Im chinesischen Sprachgebrauch ist „38“ oder „*sanba*“ abschätzend für Frauen. Es kann so viel bedeuten wie bissig, tussihaft oder scharmlos, davon abhängig, in welchen Kontext es benutzt wird. So ist es auf jeden Fall nicht gut für eine Frau „*sanba*“ betitelt zu werden. Ironischer Weise ist der 8. März, 3/8, der Internationale Frauentag. Das ist der Tag, an dem alle chinesischen Frauen den halben Tag freinehmen können. Geschäfte und Restaurants haben an diesem Tag besondere Angebote für Frauen. Ich weiß gar nicht, warum es einen Zusammenhang zwischen dem 8. März und einem abschätzigen Wort gibt. Man muss einfach das Nomen 8. März gut von dem Adjektive „38“ abgrenzen, wenn man das chine - sische Wort „*sanba*“ benutzt.

Das Spielen mit Zahlen

Das Interesstante im Chinesischen ist, dass man Zahlen leicht in komplett andere Worte umwandeln kann, wenn man die Aussprache ein wenig ändert. Das macht es auf jeden Fall einfacher sich Zahlen zu merken. Zum Beispiel klingt “eins wie das Verb „want“, „9“ ist identisch mit den Worten „Wein“ oder „Likör“. Auf die gleiche Weise kling die Zahl „5“ , wie „ich“ oder „mich“. Die Zahl „7“ klingt wie das Verb „essen“. Kombiniert klingt die Zahl „57“ wie der Satz „Ich esse.“. Es gibt eine sehr clevere Werbung in vielen Taxis in Shanghai, die für einen Dienst wirbt, der Restaurantempfehlungen gibt und Reservierungen macht. Die Telefonnummer für diesen Service ist 57-57-5777. „Ich esse, ich esse, ich esse, esse, esse!“

45. Tiere und Symbole

Fisch

Fische sind die allgegenwärtigen Elemente in chinesischen Bildern, Gärten und Inneneinrichtungen. Die meisten chinesischen Hotels, Restaurants und Familien haben Fischbecken oder Tanks, die wunderschöne Goldfische oder bunte Kois enthalten. Und während Feierlichkeiten, findet man Fisch immer als Hauptmenü.

Die Beliebtheit von Fischen kommt daher, dass das Wort für Fisch, *yu*, ein Homonym für „extra" ist. Deshalb glauben die Leute, wenn sie Fische in ihrem Haus oder ihrem Arbeitsplatz haben, dass es ihnen dabei helfen wird, mehr Einkommen und Profit zubekommen.

Im letzten Jahrzehnt wuchs zusammen mit der chinesischen Wirtschaft auch die Anzahl von Restaurants in der Stadt, immer mehr Geschäfte versuchen ihr Glück in der Wettbewerbswirtschaft zu steigern. Deshalb wird es immer wichtiger welche Art von Fisch man in seinem Schaukasten hat. In den letzten Jahren ist eine spezielle Goldfischart immer beliebter unter den Restaurantbesitzern geworden(zum Ausstellen, nicht zum Essen).Diese besondere Sorte wird „Reichwerde Fisch" genannt. Diese Goldfische sind leuchtend orange. Sie haben so rundliche Körper, dass sie aussehen wie Ballons, die fast platzen. Ihre Besitzer packen für gewöhnlich hunderte von ihnen in einen rechteckigen Tank. Ihr individuelles Aussehen und ihre enorme Zahl drücken buchstäblich Überfluss aus. Ihre korpulenten Körper drücken Wohlgenährtheit aus und ihre große Anzahl bedeutet, dass das Restaurant viele „Extras“ haben wird. Als ob das nicht schon genug ist, habe ich in einem sehr erfinderischen Aquarium gesehen, dass sie die Worte *fa tsai*, „werde reich“, auf die einzelnen Fischkörper tätowiert haben. Die Tätowierungen leuchten sogar im Dunkeln!

Drachen und Phönix

Drachen und Phönixe sind mystische Kreaturen, die beide viel Macht und Aberglaube mit sich bringen. In Zeiten der Dynastie symbolisierte der Drache den Kaiser. Aber heute sieht man Drachen und Phönixe meistens auf Hochzeiten. Der Drache symbolisiert den Bräutigam und der Phönix die Braut. In traditionellen Familien erhalten die Neuverheirateten (von ihren Eltern) Seidenbettwäsche, die mit einem Drachen und einem Phönix bestickt ist. Hochzeitssäle tragen oft einen der beiden Namen und sind nach dem Thema dekoriert. Oft hat auch das chinesische Porzellan von Neuverheirateten das Motiv von Drachen und Phönixen aufgemalt.

Im chinesischen Sprachgebrauch repräsentieren Drache und Phönix auch den Höhepunkt des Erfolgs von Männer und Frauen. Die Hoffnung von Eltern in ihre Söhne wird mit den Worten *wang zi cheng long*, was so viel heißt wie, „wünschen, dass der Sohn ein Drache wird“ ausgedrückt. Auf die gleiche Weise wird die Hoffnung in die Tochter mit der Phrase *wang nu cheng feng*, „wünschen, dass die Tochter ein Phönix wird“ ausgedrückt.

Letztendlich, wie sicher bekannt ist, ist der Drache auch das Symbol für China. Die Chinesen sehen sich selbst als die Nachfahren von Drachen. Das ist eine Identität, die Chinesen, die in China leben genauso wie Leute mit chinesischer Abstammung überall in der Welt teilen.

Mandarinenente

Ein anderes Symbol, dass mit chinesischen Hochzeiten und Jahrestagen in Verbindung steht, ist die Mandarinenente. Ihre einmaligen grün-blauen Köpfe und braun-schwarz gefärbten Federn sieht man oft in Hochzeitsdekorationen und auf Geschirr, und so weiter. Die lebenslangen Partnerschaften, die Mandarinenenten eingehen, symbolisiert die Loyalität und Liebe die Paare für einander empfinden. Aus diesem Grund sind Bilder oder Kunstwerke mit Mandarinenenten perfekte Geschenke für Hochzeiten oder wichtige Jahrestage. Sie sind bei Festigkeiten Erinnerungen an die lebenslange Verbindung von Paaren miteinander.

Kraniche

Der Kranich ist das Symbol für Langlebigkeit, dass man oft in chinesischen Gemälden sieht oder als Bronzestatue in traditionellen Gärten. Kraniche sind oft zusammen mit Pinienbäumen abgebildet, ebenfalls ein Symbol der Stärke und Langlebigkeit. Zusätzlich waren Kraniche auch das Symbol von nicht-militärischen Beamten in der späten Dynastie in China. Kraniche wurden auf die Kleider der Beamten gestickt, um ihren einzigartigen Status auszudrücken.

Schildkröten

Schildkröten werden über hundert Jahre alt, deshalb sind sie ein anderes Symbol für Langlebigkeit für Chinesen. Weil Schildkröten Langlebigkeit symbolisieren, sind sie ein geeignetes Geschenk für sowohl Jung als auch Alt. Wie auch immer, man sollte vorsichtig sein niemanden, besonders nicht einen Mann Schildkröte zu nennen. Wenn man jemanden mit „Schildkröte" betitelt bedeutet es, dass die Frau ihn betrügt. Und das ist nun wirklich nichts Gutes, was man sagen kann!

Fledermäuse

Fledermäuse erscheinen oft im chinesischen Schmuckdesign, besonders in Jadeanhängern und Goldamuletten. Der Grund ist, dass das chinesische Wort für Fledermaus, *bian fu*, das Wort für Glück enthält, *fu*. Deshalb gibt es in der chinesischen Kultur keine der dunklen Assoziationen mit Fledermäusen, wie es in der westlichen Kultur typisch ist. Es ist sogar sehr vielversprechend, wenn man Amulette mit einer Fledermausverzierung trägt, weil es einem Glück bringen soll.

Tiger

Man kann vielen Gemälden und Stickereien mit Tigern begegnen, wenn man durch Kunstgalerien und Einkaufstände in China wandert. Der Tiger ist ein mächtiges Tier und wird in der traditionellen chinesischen Kultur üblicherweise mit Militär oder physischer Macht in Verbindung gebracht. In der Qing Dynastie trugen nur hochrangige Militärbeamte Tiger auf ihren Kleidern (wenn sie nicht in ihrer Kampfkleidung waren). Es war ein Zeichen für ihren Rang und ihre Position. Familien würden normalerweise kein Gemälde mit einem Tiger in ihr Wohnzimmer hängen. Ein großes Bild eines Tigers in der Eingangshalle eines Hauses ist ein Zeichen dafür, dass der Mann des Hauses ein Militärbeamter ist.

46. Fruchtiger Symbolismus

Äpfel

Äpfel symbolisieren in China Sicherheit und Frieden, weil das chinesische Wort für Apfel, *ping guo*, den gleichen Ton mit dem Wort Sicherheit, *ping an*, teilt. Deshalb sind Äpfel eine willkommene Frucht im Winter, besonders während des chinesischen Neujahrsfests. Die meisten Familien werden einen großen Teller voll Äpfel zur Schau stellen. Dadurch, dass sie Äpfel im Haus haben, hoffen sie, dass das nächste Jahr frei von Sorgen und Turbulenzen sein wird.

Meine Großmutter baute während des Neujahrsfests immer eine große Pyramide aus Äpfeln. Sie platzierte sie vor dem Bild meines Großvaters (der viele Jahre zuvor gestorben war). Sie tat dies, um ihm Sicherheit und Glück in seiner Welt zu wüschen und um ihn zu bitten, nach uns Ausschau zuhalten und uns gesund und sicher zu erhalten. Während der Neujahrsfestlichkeiten verbeugten wir uns vor dem Bild meines Großvaters, um unsere Liebe und unseren Respekt auszudrücken.

Birnen

Birnen werden nicht als Geschenke und Austellstücke während chinesischen Feiertagen benutzt. Der Grund ist, dass Birnen in Chinesisch *li* genannt werden und dies der selbe Laut wie das Wort Trennung ist. Deshalb bringt es traditionell Unglück, wenn man Birnen während einer Familienfeier oder Feiertagen anbietet.

Interessanterweise können Birnen außerhalb von China eine ganz andere Bedeutung haben. Eine meiner besten Freundinnen in den Vereinigten Staaten gibt wunderschön eingepackte Birnen als Hochzeitspräsent aus. Am Anfang war ich perplex , aber dann realisierte ich die Witzigkeit dieser Geste. Das Wort für Birne in Englisch „pear“ klingt wie das englische Wort für Paar, „pair“, was perfekt für eine Hochzeit passt in der ein Paar zusammenkommt.

Wie lustig, dass dieselbe Frucht in zwei unterschiedlichen Kulturen eine so gegensätzliche Bedeutung haben kann!

Pfirsiche

Pfirsiche sind eine andere großartige Frucht, die man während chinesischen Feiertagen ausstellt. Chinesen glauben, dass Pfirsiche eine der gesündesten Früchte sind, die jemand essen kann und dass sie die Lebensspanne verlängern, wenn sie regelmäßig gegessen werden. Aus diesem Grund sind Pfirsiche ein Zeichen der Langlebigkeit. Sie sind ein großartiges Geschenk für ältere Personen, weil man durch sie, ein langes und gesundes Leben wünscht.

(Im Übrigen wird angenommen, dass Pflaumen und Aprikosen schädlich sind. Eine Folkloregeschichte besagt, dass „Pfirsiche ernähren, Pflaumen schaden und Aprikosen begraben!“

Granatäpfel

Naja, es ist einfach herauszufinden, warum Granatäpfel als Glücksfrüchte angesehen werden! Die vielen Samen bedeuten in China Fruchtbarkeit. Traditionell glaubten die Chinesen, es sei ein Segen viele Kinder und Enkelkinder zu haben. Auch heutzutage, trotz der Ein-Kind-Politik der Regierung, wird es immer noch als eine gute Geste angesehen, frisch verheirateten Paaren Granatäpfel als Geschenk zugeben.

47. Geburtstagsfeiern

Bryan und ein westlicher Kollege wollten den Geburtstag ihrer chinesischen Direktorin feiern. Wegen ihres hektischen Ablaufplans, verpassten sie ihren eigentlichen Geburtstag. Ein paar Wochen später, forderte Bryan seinen Assistenten auf, ein nachträgliches Geburtstagsessen zu arrangieren. Sein Assistent erwiderte sofort, „Aber ihr Geburtstag ist doch schon vorbei!“ Bryan sagte, „Das ist schon in Ordnung, wir werden trotzdem ein Geburtstagsessen für sie geben.“

An dem Abend des Essens, stieß der westliche Kollege mit einem „Happy Birthday“ auf das Geburtstagskind an. Anstatt den Trinkspruch zu erwidern, fügte sie sofort hinzu. „Lasst uns lieber auf meinen 7. Jahrestag in der Firma anstoßen!“ Sie erklärte uns später, dass Chinesen ihren Geburtstag nie feiern, nachdem der eigentliche Tag vorbei ist. Geburtstage können nur an oder bevor dem eigentlichen Datum gefeiert werden. Deshalb wollte sie lieber auf 7 Jahre Dienst in der Firma anstoßen.

Bryan war über diesen Brauch sehr erstaunt, weil man in Amerika Geburtstage entweder an dem Tag oder danach feiert. Wenn du deine Party vor dem eigentlichen Tag hast, könnten die Leute denken, dass man versucht eine Extrafeier und Extrageschenke zu dem Anlass abzustauben. Viele Leute denken auch, dass es Unglück bringt, vor dem Tag jemanden alles Gute zum Geburtstag zu wünschen.

48. Ungewöhnliche Geburtstage

Während die meisten Geburtstage in China mit Nudeln und Kuchen gefeiert werden, gibt es einige ungewöhnlich Geburtstage, die von Chinesen anders behandelt werden.

So werden einige Geburtstage von den Leuten nicht gefeiert. Es soll sogar Unglück bringen, sie zu feiern. Frauen feiern ihren 30.Geburtstag nicht. Wie im Westen wird dreißig werden, als großer Meilenstein im Leben einer Frau angesehen. Für viel Chinesen, wird es als eine Zeit der Unsicherheit und Gefahr angesehen, in der Missgeschicke passieren. Um Unglück vorzubeugen, feiern chinesische Frauen ihren 30. Geburtstag oft nicht, und bleiben für zwei Jahre neunundzwanzig oder wandern gleich zu einunddreißig. Sie hoffen, dass auf diese Weise das 30. Jahr ruhig und ohne Ärger vonstatten geht. Für Männer ist das Unglücksjahr vierzig. Viele chinesische Männer feiern ihren vierzigsten Geburts -

tag genauso wenig wie Frauen ihren dreizigsten.

Zusätzlich zum 30. und 40. Geburtstag sind der 33. und 66. Geburtstag auch Anlässe zur Vorsicht und Behutsamkeit. Diese zwei Jahre werden als besonders Gefährlich und Ärger bringend für Frauen angesehen. Um Böses abzuwehren, müssen Frauen, die 33 werden, an ihrem Geburtstag ein Stück Fleisch kaufen, sich hinter der Küchentür verstecken, während sie es 33mal zerschneiden und dann wegschmeißen. Man glaubt, dadurch werden alle bösen Geister in dem Fleisch eingeschlossen und das Jahr kann ruhig vorbei gehen. Eine unserer chinesischen Freundinnen hatte ein furchtbares Jahr vor ein paar Jahren als sie 33 war. Sie wurde viele Male krank und sie hatte oft Kopfschmerzen auf Arbeit. Am Ende stellte sie fest, dass sie vergessen hatte an ihrem Geburtstag, das Fleisch 33mal zu zerschneiden. Als sie genug davon hatte, dass schlechte Dinge passierten, entschied sie sich das Ritual durchzuführen obwohl ihr Geburtstag vorbei war. Ich weiß nicht ob sich ihr Jahr bemerkenswert verbesserte, aber sie war zumindest erleichter als sie herausgefunden hatte, was ihr Unglück hervorgerufen hatte und etwas dagegen zutun.

Auf die gleiche Weise ist das 66.Jahr im Leben einer Frau ebenfalls bedenklich. An dem 66. Geburtstag einer Frau, muss die Tochter, wenn sie eine hat, ein Stück Fleisch kaufen und es in der Küche 66mal zerschneiden, um Unglück zu vertreiben. Wenn sie keine Tochter hat, kann eine Schwiegertochter oder jüngere weibliche Verwandte die Aufgabe erledigen. Als zum Beispiel meine Großmutter 66 wurde, schnitt ich das Fleisch für sie, weil ich zu der Zeit, die am nahesten wohnende weibliche Verwandte war. Auch wenn es keinen Weg gibt, herauszufinden wie effektiv meine Tat war, war meine Großmutter für die Geste und die gute Absicht sehr dankbar. Und ich war froh, dass sie einen glücklichen Geburtstag hatte!

VI
Essen und Trinken

49. Kein kaltes Wasser für Gäste

Wir haben eine gute deutsche Freundin, die sehr gut Chinesisch spricht. Sie reist oft durch China für Geschäfte und um chinesische Geschäftspartner zutreffen. Das erste Mal als sie nach China kam, fragte sie in Geschäftstreffen immer wieder nach kaltem Wasser. Aber immer wieder bekam sie entweder gekochtes Wasser oder Grünen Tee als Getränk zurück.

Es gibt zwei Gründe dafür:

Erstens, würden die meisten Chinesen ihren Gästen niemals Wasser servieren, weil es zu einfach und langweilig ist (nur Familienmitglieder bekommen einfaches Wasser angeboten).

Zweiten, kaltes Wasser ist nicht immer erhältlich. Vor der Zeit der Wasserflaschen, erhielten die meisten Chinesen kaltes Wasser, indem sie das Wasser aus dem Hahn (nicht trinkbar in China) zuerst kochten und es dann auf Raumtemperatur abkühlen ließen. Auch wenn mehr und mehr Leute in den letzten Jahren damit anfangen, das Mineralwasser aus der Flasche zutrinken, wird in kleinen Städten und provinziellen Orten, Flaschenwasser immer noch als Luxusartikel angesehen. Wenn Gäste kommen, sind sie es gewohnt heißen Tee zu servieren, für den sie das Wasser aus dem Hahn kochen. Wenn Gäste keinen Tee trinken, können sie ihnen höchstens heißes gekochtes Wasser als

Alternative anbieten.

Nach einigen Jahren, erzählte uns unsere Freundin, hörte sie auf nach kaltem Wasser in chinesischen Geschäftstreffen zu fragen. Heute erwischt sie sich sogar oft dabei, dass sie sich heißes Wasser in ihre Tasse einschenkt, wenn sie alleine in ihrem Büro ist. Sie sagt, dass das ein Zeichen dafür ist, dass sie sich letztendlich hier heimisch fühlt.

50. Wie trinke ich Grünen Tee?

Normalerweise wenn man in Europa Tee trinkt, bekommt man einen eingepackten Teebeutel oder den losen Tee in einem Sieb. Aber in China wird der grüne Tee in einem klaren Glas serviert, in dem die Blätter lose oben schwimmen.

Eine westliche Kollegin war sich nicht sicher, wie sie das zu trinken hatte. Egal wie sehr man versucht die Blätter von seinem Mund fernzuhalten, sie kommen immer wieder zu den Lippen zurück, wenn man anfängt das Wasser zutrinken. Wenn man versucht seine Lippen fest an das Glas zu drücken, bleiben die Teeblätter an den Lippen kleben und man sieht wirklich albern aus. Um Peinlichkeiten zu vermeiden, trank unsere Freundin am Ende ihren Tee einfach und schluckte ihre Teeblätter unter.

Als sie länger in China lebte, beobachtete sie wie Chinesen ihren Grünen Tee trinken. Sie haben drei verschiedene Arten. Erstens, trinken einige Chinesen die Teeblätter einfach mit. Sie kauen sie und schlucken die Blätter dann. Zweitens, schlürfen einige den Tee und benutzen dabei ihre Frontzähne als Filter um die Teeblätter draußen zu behalten. Letztends trinken andere den Tee und spucken die Teeblätter auf einen kleinen Teller. Alle drei Methoden sind kulturell komplett akzeptiert.

Auch wenn unsere Freundin sich am Anfang ein wenig unwohl dabei fühlte, ihre Teeblätter aus zu spucken – in der westlichen Kultur ist es unhöflich, wenn man etwas ausspuckt, was man einmal im Mund hatte – aber am Ende gewöhnte sie sich an den lokalen Brauch. Nun kann sie grünen Tee wie eine Chinesin trinken und kann Geschäftstreffen mit lokalen chinesischen Partnern organisieren, ohne an die Teeblätter, die im Glas schwimmen zudenken.

51. Bier, roter Wein oder harter Likör?

Wie in allen Kulturen trinken Chinesen zu verschiedenen Anlässen verschiedene Arten von Alkohol.

Bier ist das zwanglose Getränk unter Freunden, Familien und Kollegen. Die Chinesen können Bier in reichlichen Mengen trinken. Ich erinnere mich, als ich einen Sommer als Collegestudent nach China kam. Meine Freunde aus der chinesischen Universität bestellten eine riesige Flasche Bier für jede Person. Ich war überrascht, dass zu dieser Zeit eine große Flasche Bier viel günstiger war als eine Flasche Wasser.

Roter Wein ist das Getränk, das man wählt, wenn man sich mit hohen Beamten aus der Regierung oder mit wichtigen Klienten zum ersten Mal trifft. Es wird als ein eleganteres Getränk angesehen. Man bestellt normalerweise eine teure Flasche roten Wein und trinkt ihn langsam. Es ist nicht das Getränk, was man auf Ex beim Anstoßen trinken würde. Es ist nicht ungewöhnlich, Chinesen zusehen, die Eiswürfel oder Sprite in ihr Rotweinglas hinzufügen. Bryan und ich trafen uns vor ein paar Jahren in Beijing mit dem Abteilungsleiter einen großen Verlagshauses zum Mittag. Wir bestellten eine schöne Flasche chinesische Rotwein für unseren Gast. Der Herr fragte nach Eiswürfeln und ein wenig Sprite für seinen Wein. Es war das erste Mal, dass wir das sahen, deshalb fügten wir beide aus Respekt ebenfalls Eiswürfel und Sprite in unsere Gläser hinzu.

Harter Likör bekannt als „*baj jiu*“ wird von den Leuten im nördlichen China bevorzugt. Es ist ein starker Kornalkohol, der bis zu 60% haben kann. Die Leute trinken diesen Likör typischerweise aus zwei Gründen. Erstens ist es ein Weg lockerer zu werden. Ein bisschen betrunken zu werden, ist in China keine soziale Blamage. Im Gegenteil dir zu erlauben, ein wenig betrunken zu werden, ist ein Zeichen, dass man Hemmungen verliert und mit seinem Trinkpartner befreundet sein will. Im nördlichen China ist die Freundschaft zementiert, wenn man zusammen mit seinem chinesischen Geschäftspartner betrunken wurde. Zweitens ist das Anbieten von hartem Likör eine Businessstrategie, um den anderen dazu zubringen, zu schwierigen Geschäftsbedingungen zuzustimmen. Wenn jemand betrunken ist, sagt derjenige einfacher „ja“ zu etwas, zu dem er nüchtern nicht zugestimmt hätte.

Nach dem er an vielen Essen mit chinesischen Geschäftspartner teilgenommen hatte, kommentierte Bryan, dass er Glück hat eine hohe Alkoholtoleranz aus seiner Zeit als Präsident der Studentenverbindung im College zuhaben. Zu den meisten Anlässen verträgt er mehr als seine chinesischen Kollegen oder wenigstens genauso viel und das hat ihm geholfen Freundschaft und Glaubwürdigkeit mit seinen Gefährten zu etablieren.

52. Es ist besser, wenn du es kochst

Westliche Essen sind voll von rohem Gemüse: Salat, Tomaten, Karotten, Sellerie und so weiter. Salat zu essen ist Standard bei einem Abendessen, oder beim Mittag und einer der gesündesten Bestandteile im Amerikanischen Abendessen (so lange man nicht zu viel Dressing benutzt!). Ein Salat, der knusprig, kalt und knackig ist, ist gesund und erfrischend.

Aber beim chinesischen Abendessen, wird rohes Gemüse zu essen, als das Gegenteil von gesund angesehen, rohes Gemüse wird als dreckig und unsicher zu essen angesehen. Es zu kochen entweder durch Dampfen, Braten oder Sieden (kommt auf das Gemüse an) macht es weich, heiß und feucht… was für Chinesen gesund und erfrischend ist!

Deshalb gibt es Salate in China nur in westlichen Restaurants, weil fast alle chinesischen Kunden gekochtes Gemüse bevorzugen.

53. Bitte den Kopf wegnehmen

Erstbesucher in China werden immer geschockt sein, wenn sie ein Geflügelgericht bestellen und dass Hühnchen oder die Ente kommen auf einem Teller und starren direkt in ihre Augen, wenn sie respektvoll vor ihnen platziert werden. Für Amerikaner, die nie einen toten Hühnerkopf in ihrem Lebensmittelladen gesehen haben, kann dies verstörend sein.

Wenn Chinesen eine ganze geröstete Ente bestellt haben, wollen sie die ganze Ente am Essenstisch sehen. Wenn das Restaurant sie ohne Kopf und Füße servieren würde, denkt der Kunde, dass das Küchenpersonal Teile der Ente gegessen hat. Es ist außerdem so, dass wenn man Meeresfrüchte in China bestellt, dass das Küchenpersonal mit einen Fisch oder Hummer rauskommt, der sich immer noch in einer Plastiktüte bewegt und kämpft, um zu zeigen, dass das Essen wirklich frisch und am Leben ist. Meine Freunde und ich machen dann immer Witze, dass wir den Fisch mit wasserfesten Stiften markieren sollten, nur um sicherzustellen, dass das Personal immer einen anderen bringt.

Manchmal sind die Köpfe mehr als nur eine Zurschaustellung auf dem Teller. Entenzunge und Entengehirn sind zum Beispiel sehr beliebtes chinesisches Essen. Also wenn man nicht möchte, dass der Kopf seines Geflügelgerichtes einen vom Teller anstarrt, solltest man den Kellner darum bitten, den Kopf nicht zu bringen, wenn man seine Peking Ente bestellt.

54. Was Wasser macht

In westlichen Restaurants ist die erste Frage des Kellners oft, welche Art von Wasser man trinken möchte: aus der Flasche oder dem Wasserhahn, mit Kohlensäure oder ohne. In Chinesischen Restaurants wird man gefragt, welchen Tee man gerne trinken mag. Man wird niemals Wasser angeboten bekommen, weil die Chinesen es als ungesund ansehen Wasser während des Essens zutrinken.

Während eines Abendessens in einem lokalen chinesischen Restaurant fragte eine Freundin letztendlich den Kellner, warum Chinesen Tee und Suppe zum Abendessen trinken, aber kein Wasser. Der Kellner erklärte, dass Tee den Mund zwischen den Bissen reinigt und dass Suppe gesund und lecker ist. Er sagte, dass das Trinken von Wasser die verdauungswirksamen Säuren im Magen abschwächt, was es schwieriger macht Essen zu verdauen und zu einer Magenverstimmung führen kann.

Amerikaner und Chinesen haben also unterschiedliche Ansichten zum Trinken von kalten Wasser oder anderen Getränken. Die meisten Amerikaner mögen ihre Getränke kalt, bevorzugt mit Eiswürfeln und mögen es nicht Wasser mit Zimmertemperatur zutrinken. Die meisten Chinesen trinken aber zimmerwarme oder wärmere Flüssigkeiten, wie Tee, und meiden kalte Getränke und Eis. Sie denken, dass kalte Temperaturen ein Schock für den Magen und die internen Organe sind und warme Flüssigkeiten gesünder für den Körper sind.

55. Reis oder Nudeln

Unterschiedliche Kulturen rufen unterschiedliche Erwartungen an Essen und Trinken hervor. Niemand ist überrascht zu hören, dass jemand aus dem Westen es erwartet Kaffee bei einem Treffen angeboten zubekommen, während ein Chinese erwartet Tee angeboten zubekommen. Aber in Flugzeugen sind die Unterschiede in den Erwartungen überraschender.

Westliche Fluggesellschaften ermöglichen meistens die Wahl zwischen Gerichten, typischerweise anhand des Proteins „Möchten sie Rind oder Huhn?" Aber chinesische Fluggesellschaften ermöglichen die Wahl zwischen Kohlenhydraten: „Möchten sie Reis oder Nudeln?" Als wir mit meinen Schwiegereltern mit einer einheimischen chinesischen Fluggesellschaft reisten, fragte die Stewardess ob wir unser Essen mit Nudeln oder mit Reis wollten, mein Schwiegervater fragte dann, welches Fleisch den damit verbunden sei Rind, Huhn, Schwein oder Fisch? Die Stewardess war erstaunt. Sie wusste es nicht und dachte nicht, dass es eine relevante Frage sei! (Es stellte sich heraus dass Nudeln und Reis mit Schwein serviert wurden, ein Hauptnahrungsmittel in China.)

Ein bekannter Mythos ist, dass Westliche stärker sind und weniger Angst vor kalten Wetter haben, weil sie beim Aufwachsen Steak und Käse essen. Auf der anderen Seite sind Chinesen weniger stark, weil sie mit Reis und Haferschleim aufwachsen.

56. Nudeln zum Geburtstag

Im Westen ist Kuchen ein Muss für jede Geburtstagsfeier. In China sind Nudeln ein Muss, während der Kuchen optional ist.

Der Grund ist, dass Nudeln lang sind und ein langes Leben symbolisieren. Die Chinesen glauben, wenn das Geburtstagskind Nudeln an diesem speziellen Tag isst, wird er oder sie ein langes Leben haben. Deshalb werden Geburtstagsnudeln oft nicht zerschnitten. Sie werden aus einem einzigen Stück Teig zu langen dünnen Nudeln langgezogen. Wenn man die Nudeln isst, sollte man versuchen, sie nicht mit den Stäbchen zu zerschneiden. Nur

wenn man nicht mehr Nudeln in seinen Mund stopfen kann, kann man sie abbeißen.

In großen Städten in China feiern viele Leute ihren Geburtstag mit beiden einem Geburtstagskuchen und Nudeln. Während Kuchen für die Freunde und die Familienmitglieder ist die eine Geburtstagsfeier besuchen, können Nudeln auch von denen gegessen werden, die nicht vor Ort sind. Auf meiner Seite der Familie essen wir Nudeln an den Geburtstagen von Cousins oder Tanten, auch wenn diese in einem anderen Land leben. Wir hoffen dadurch, dass wir Nudeln essen, dass sie ein langes und gesundes Leben haben werden.

57. Das hundert Jahre alte Ei

Im Süden Chinas ist das „hundert Jahre alte Ei“ eine sehr beliebte Beilage zum Frühstück. Es wird *pidan* genannt, es ist schwarz-braun gefärbt. Das hartgekochte Ei hat transparentes Eiweiß und graulich blaues Eigelb und einen eindeutigen Schwefelgeruch. Die meisten Chinesen mögen *pidan* in Sojasauce zu dippen und essen es mit Frühstücks-Reissuppe oder Reisbrei (aber ich muss hervorheben, dass nicht alle Chinesen *pidan* mögen, mein Vater zum Beispiel mag es nicht).

Die meisten Ausländer erschrecken, wenn sie diese chinesische Delikatesse sehen. Beides, Aussehen und Geruch sind so ungewöhnlich, dass die meisten Leute es ekelig finden. Es kann aber wirklich lecker sein, wenn es in Reissuppe mit gehacktem Hühnchen gekocht wird.

Bryan hat das erste *pidan* während unserer Sonnenuntergang-Essen im New Yorker Chinatown probiert. Ich habe mir angewöhnt, ihm nicht genau zusagen, was er isst, bis er es wenigstens einen Bissen probiert hat. Nach dem er sich darüber ausgelassen hatte, wie lecker seine Reissuppe war, fragte er mich was die dunkel aussehenden Teile seien. Erst sagte ich ihm es seinen chinesische Pilze, aber dann sagte ich ihm was er gegessen hatte. Nachdem er *pidan* in seiner Originalform angeschaut hatte, nannte er es liebevoll „das hundert Jahre alte Ei.“ Es sieht wirklich so aus als ob es hundert Jahre alt ist.

Erklärung

Obwohl sie so aussehen, sind pidans keine vergammelten Eier, die für hundert Jahre aufbewahrt wurden. Sie werden aus frischen Enteneiern gemacht (ich weiß nicht warum Hühnereier nicht benutzt werden), die in Schichten von Schlamm und Stroh eingehüllt werden und dann für einen Monat fermentieren. Die Hauptbestandteile der Lauge kochen die Eier und härten sie, so dass es erscheint als ob die Eier hartgekocht sind.

58. Stinkt, ist aber lecker

Vor einem Jahr kamen Bryans Chefs von Übersee nach China für eine Vorstandsitzung. Um sie richtig willkommen zu heißen, durchforstete Bryan Restaurantempfehlungen und entschied sich für ein bekanntes und teures chinesisches Restaurant.

Als sie in dem Restaurant ankamen, waren sie alle sehr beeindruckt von der wunderschönen antiken Ausattung des Ortes. Massive hölzerne Schränke, solide Tische und kompliziert geschnitzte Stühle füllten den Essensraum. Aber als sie sich hinsetzten, bemerkten sie leichten Geruch, einen Hauch von einem unangenehmen Geruch. Am Anfang sagte niemand etwas, aber dann wurde der Geruch so kraft-

voll, dass sie anfingen sich laut zu wundern, wo es herkommen mag.

Das Restaurant war berühmt für sein einmaliges Gericht – *Stinkender Tofu*. Stinkender Tofu ist fermentiert, wie Roquefort Käse und wird in einem massiven, schwarzen und riechenden Kasten serviert. Die unangenehme Farbe und der starke Geruch ist eine Indikation dafür, dass der Tofu gut gereift ist und von erfahrenden Händen hergestellt wurde. Desto „stinkender" der Geruch ist, desto leckerer ist der Geschmack. Der Gestank war sogar so stark, dass die antiken Möbel und sogar die wunderschönen Schränke das stinkende Aroma des Tofus angenommen hatten.

Aber für Bryan und seine Überseechefs, hat der Gestank fast einen ansonsten angenehmen Abend verdorben. Viele der Essensunterhaltungen gingen darum, dass Späße über die Geruchserfahrung gemacht wurden. Die Chefs sagten sogar zu Bryan, dass er seine Karriere beeinflussen kann, wenn er sie solchen Gerüchen aussetzt. Aber als sie gefragt wurden, ob sie wieder zu dem Restaurant zurückgehen würden, sagten sie „Auf jeden Fall, dass Essen war lecker. Wir werden nur einen Lufterfrischer mitbringen. Vielleicht können wir sie sogar für viel Gewinn am Eingang verkaufen!"

Während Chinesen der Geruch von stinkigem Tofu nichts ausmacht, mögen sie oft den Geruch von europäischem Käse nicht. Vor vielen Jahren reiste ein chinesischer Geschäftsmann nach Frankreich und wurde von einen Französischen Geschäftspartner zu einem sagenhaften Essen eingeladen. Am Ende bestellte der Gastgeber einen großen Teller mit teurem Käse für seinen Gast. Unter diesen waren verschiedene Sorten Blauschimmelkäse mit angeschimmelten Stellen und ranzigem Geruch. Der chinesische Geschäftsmann nahm nur einen Hauch des Käses wahr und musste den Würgreflex unterdrücken. Er schüttelte den Kopf und fragte mich: „Wie können die solches Zeug essen? Es riecht wie dreckige Socken!"

59. Qualle, Seegurke und Gänsefüße

Die meisten Ausländer sagen aus Höflichkeit, wenn sie zu einem chinesischen Bankett eingeladen sind, dass sie alles essen. Aber ich habe oft beobachtet, dass Nicht - Asiaten richtige Probleme mit Quallen, Seegurken und Gänsefüßen (neben anderen Körperteilen und inneren Organen, die angeboten werden) haben. Aber in China sind dies besondere Speisen während eines Banketts für Ehrengäste. Insbesondere, Seegurke und Gänsefüße in Abalonesauce sind die teuersten Bestandteile eines chinesischen Menüs.

Viele Westliche finden die Konsistenz von Quallen und Seegurken unappetitlich. Qualle wurde mit Plastik und Seegurke mit Schnecken verglichen. Und Gänsefüße, naja die meisten Westlichen haben ein Problem damit sie runter zu würgen (Bryan ist auch einer davon). Die Chinesen auf der anderen Seite, schätzen Quallen, weil sie das Cholesterin senken, Seegurken weil sie die beste Form von Protein auf der Erde enthalten, und Gänsefüße, weil sie Collagen enthalten und das Falten vorbeugt.

Wenn ein Gastgeber solche Gerichte für jemanden bestellt und sie werden dann nicht von demjenigen gegessen (sie werden oft in individuellen Portionen serviert), kann man seinen Gastgeber verletzen. Am Besten ist, man sagt seinem Gastgeber von Anfang an, dass man diese Art von Essen nicht mag.

Alternative kann man auch einfach sagen, was man gerne Essen würde, sowas wie Peking Ente oder gebratenes Hühnchen mit Chili.

Wenn der Gastgeber darauf besteht Qualle, Seegurke oder Gänsefüße zu bestellen, kann man sie höflich jemand anderen am Tisch anbieten. Der Gastgeber wird nicht verärgert sein, solange das Essen nicht verschwendet wird.

60. Ein Tofugericht zur Beerdigung

Das Wort „*tofu*“ hat verschiedene Bedeutungen im Chinesischen. Es meint nicht nur das Essen. „Ein Tofugericht essen“ zum Beispiel, ist ein besonderer Ausdruck für die Mahlzeit, die Familien auf einer Beerdigung essen.

Die chinesische Kultur ist stark beeinflusst vom buddhistischen Glauben. Viele Chinesen glauben, dass wenigstens am Tag einer Beerdigung, die ganze Familie und, die engen Freunde die zu dieser besonderen Mahlzeit eingeladen sind, vegetarisches Essen zu sich nehmen sollten. Ein Tofugericht wird den zentralen Bestandteil der Mahlzeit bilden. Es wird serviert als gebratener Tofu mit grünem Gemüse und Pilzen oder als eine

einfache Tofusuppe mit ein paar Senfkohlblättern. zusätzlich symbolisiert die Farbe weiß in der chinesischen Tradition Tod, deshalb ist es wichtig, dass die Farbe des Essens weiß ist.

Neuerdings fügen aber mehr und mehr Chinesen nicht-vegetarische Bestandteile zu dem Menü hinzu, um ihren Gästen einen Gefallen zutun. Restaurants sind glücklich Fleisch anzubieten, weil es die Qualität und die Kosten des besonderen Essens erhöht. Zusätzlich wird es als Dankbarkeit gegenüber Freunden, die Blumen und Geld für die Beerdigung gebracht haben angesehen, wenn man die Mahlzeit extravaganter gestaltet.

VII
Einkaufen und Geschenke

61. Die Kunst des Verhandelns

Auf Märkten zu Verhandeln ist ein Teil des Einkaufsrituals. Die Verkäufer erwarten es von den Kunden und die Kunden wissen, dass sie es tun müssen.

Als wir gerade erst hier angekommen waren, fand ich das endlose Verhandeln ermüdend. Beim Kaufen von Gemüse bis zum Einkauf von einer Sonnenbrille, es kostete mich viele Stunden Feilschen mit den Verkäufern. Ein Teil des Problems kommt daher nicht zu wissen, wie viel die Dinge kosten sollten, deshalb wusste ich nicht ob der Preis, den ich wollte vertretbar ist oder eben nicht. Ein anderer Teil des Problems kommt von meiner Wettbewerbsnatur. Ich wollte den Verhandlungskampf immer gewinnen. Es führte sogar dazu, dass einige Dinge nicht erledigt wurden, weil ich zu viel Zeit damit verbrachte zu feilschen und sehr frustriert wurde.

Glücklicherweise bekam ich Hilfe von meinem Ehemann, der immer einen kühlen Kopf bewahrt und meinen einkaufsklugen Freunden. Bryan gab mir den Rat, „Zahl was du denkst ist fair, egal welcher Preis, gefragt ist.“ Solange ich meinem eigenen Verstand klar mache, dass der Preis den ich zahle fair ist, dann verschwende ich nicht so viel Zeit beim Verhandeln. Schließlich ist meine Zeit auch wertvoll. Meine nicht-einheimische Freunde gaben mir auch ihre Verhandlungstipps weiter. Wenn der Verkäufer mich wie einen

Ausländer behandelt, frage ich nach 90% des Preises. Dann arbeiten wir uns nach oben bis wir 1/3 des gefragten Preises erreichen. Wenn nötig sollte ich weitergehen, um einen dramatischen Effekt zu erzielen. Ich habe gemerkt, dass diese Verhandlungstipps sehr hilfreich sind, besonders wenn man Souvenirs auf einem Markt kauft. Aber Gemüse und Früchte Verkäufer habe ich komplett aufgegeben. Die Preise verändern sich so sehr in den verschiedenen Jahreszeiten, so dass ich sie nur noch in Supermärkten kaufe, wo der Preis nicht verhandelt wird

Anmerkung: Nicht für alles sollte verhandelt werden

Ich habe neulich mit der Managerin von meinem Lieblingsmassagecenter gesprochen. Es ist ein sehr professioneller Salon mit talentierten Massagetherapeuten, die einen steifen Nacken und verkaterte Schultern in weiche Butter verwandeln. Die Managerin beklagte, dass Ausländer, die zu lange in China gelebt haben, sich schlechte Angewohnheiten angewöhnt haben. Welche Angewohnheiten? fragte ich. Sie kommen herein und verhandeln die Behandlungspreise mit ihr, als ob sie auf einem Markt einkaufen sind. Und sie werden ärgerlich, wenn man ihnen sagt, dass die Preise nicht verhandelbar sind. Sie findet es sehr unhöflich und respektlos in einem formalen Geschäft nach einem Nachlass zu fragen.

Viele Geschäfte haben jetzt ein Schild mit „Kein Verhandeln“, und sie sind streng mit dieser Politik. Ich mag diese Geschäfte, weil sie das Einkaufen leichter machen.

62. Wie viel hast du dafür bezahlt?

Kulturell ist es total akzeptiert jemanden zu fragen, wie viel er für etwas bezahlt hat. Zum Beispiel fragt die Haushälterin, wie viel man für die Früchte und das Gemüse bezahlt hat, dass man gerade vom Bauernmarkt gekauft hat, und Fahrer fragen, wie viel die neue Sonnenbrille am Straßenstand gekostet hat. Und sofort werden sie einem erzählen, wie viel man zu viel bezahlt hat. Viele meiner nicht-chinesischen Freunde finden diese Angewohnheit ärgerlich. Erstens, sind sie nicht gewohnt, dass andere sie fragen, wie viel sie für etwas bezahlt haben. Was sie kaufen und wie viel sie dafür bezahlen, sehen sie als Teil ihrer Privatsphäre an. Zusätzlich mögen sie es nicht zu wissen, wenn sie von den lokalen Verkäufern schon wieder betrogen wurden.

Wie ich herausgefunden habe, fragen Chinesen aus zwei Gründen danach wie viel man für Sachen bezahlt hat. Erstens, sind sie neugierig. Sie wollen immer auf dem Laufenden sein, wie viel Dinge kosten. Zweitens, und vielleicht viel wichtiger, sie sorgen sich um einen und wollen nicht, dass die Verkäufer einen Vorteil aus einem ziehen. Zum Beispiel haben die Fahrer von einigen meinen Freundinnen freiwillig angeboten, für sie auf den Märkten zu verhandeln, so dass sie am Ende einen besseren Preis bekommen. Und meine Haushälterin ist wirklich glücklich für mich, wenn ich ein gutes Geschäft bei einem Einkauf gemacht habe. Trotzdem finden viele Westliche es unangenehm von ihren chinesischen Angestellten gefragt zu werden, wie viel sie für etwas bezahlt haben. Nach dem sie eine Weile in China gelebt haben, haben sich meine nicht-einheimischen Freunde an diesen kulturellen Unterschied gewöhnt. Wenn Fremde neugierig sind, sagen meine Freunde ihnen nur, dass sie sich um ihre eigenen Sachen kümmern sollen. Zu den Leuten, die ernsthaft besorgt sind, entschließen sie sich „kleine Notlügen" zu erzählen. Sie erzählen ihren Fahrern normalerweise, dass sie einen günstigeren Preis bezahlt haben, als sie wirklich bezahlt haben, so dass der Fahrer denkt, sie haben ein gutes Geschäft gemacht und nicht zu besorgt um sie ist.

63. Loyalität zählt

Auch wenn es sehr bekannt ist, dass die Verkäufer in Shanghai versuchen, Vorteile aus ausländischen Einkäufern zu ziehen, in dem sie von ihnen höhere Preise verlangen, geben sie wiederkehrenden Kunden eine bevorzugte Behandlung.

Auf meinem Weg zurück nach Shanghai traf ich eine amerikanische Flugbegleiterin. Sie erzählte mir, dass sie zweimal im Monat nach Beijing oder Shanghai fährt. Und sie liebt es einfach nach Shanghai zukommen. Sie liebt das Essen, das Einkaufen, aber das Beste von allem sind die Beziehungen, die sie hier geknüpft hat.

Als sie das erste Mal nach Shanghai kam, wurden auf dem Perlenmarkt hohe Preise von ihr verlangt. Aber später, als sie und ihr anderer Flugbegleiter zurückkamen, um vom selben Verkäufer zukaufen, erhielten sie exzellente Prei - se für die Sachen. Jetzt gehen alle Flugbegleiter zu diesem Geschäft, weil sie wissen, dass sie die Qualitätsprodukte für einen geringen Preis ohne zu Verhandeln bekommen. Als Gegenleistung empfehlen die Flugbegleiter die Verkäufer an Reisende weiter, was sich gut auf die Verkäufer auswirkt. Sie sind wie Freun - de geworden.

Sogar als die Flugbegleiterin einmal zufällig nicht genug Geld mit sich hatte, erlaubte ein Verkäufer ihr zuzahlen, wenn sie das nächste Mal in China ist. Oft liefern die Verkäufer speziell angefertigte Halsketten in das Hotel der Flugbegleiterin, so dass sie Zeit und Anstrengungen spart. Die Flugbegleiterin war so überwältigt vom dem guten Service, dass sie mich fragte, „Können Sie sich vorstellen, dass sowas zu Hause in den Vereinigten Staaten passiert?"

Für die Loyalität von Kunden ist man in China, besonders in Shanghai sehr dankbar. Die meisten meiner nicht-einheimischen Freunde haben viele Visitenkarten von verschiedenen Geschäften. Wir haben alle unsere Lieblingsgeschäfte, wo wir unsere Sachen, Schuhe und unseren Schmuck kaufen. Sich mit den Verkäufern anzufreunden, spart nicht nur Geld, aber auch die Zeit, die man sonst mit Feilschen verbracht hätte!

64. Glücksgeldstück

Haben Sie jemals bemerkt, dass ein Geldstück an den Taschenrechner eines Verkäufers geklebt ist? Als ich das das erste Mal gesehen hatte, dachte ich der Taschenrechner war kaputt und die Verkäuferin musste ein Geldstück daran kleben, um ihn zusammenzuhalten. Aber ein Freund hat mir später erklärt, dass die Verkäuferin das Geldstück mit Absicht dort hin geklebt hat, um dem Geschäft Glück zu bringen. Das Geldstück stehe für Geld und die Verkäuferin klebt es an den Taschenrechner, um mehr Geschäfte in ihren Shop zubringen, wenn sie den Taschenrechner benutzt, um den Kunden zu zeigen, wie viel sie zahlen sollen. Leute benutzen Geldstücke auch auf andere Weise um Glück zu bringen.

Wenn Leute in Shanghai ihre Wohnung renovieren, packen sie ein Geldstück in das Fundament, bevor sie den Fussboden darauf legen, um Reichtum in den Haushalt zu bringen.

Im nördlichen China, werden während des Neujahrsfests immer ein paar neue, saubere Geldstücke zufällig in die Klöße gepackt. Wenn die Familie dann zusammen sitzt und die festliche Kloßmahlzeit zu sich nimmt, werden Diejenigen ein vielversprechendes Jahr haben, die die mit Geldstücken gefüllten Klöße erhalten.

Bryan hat mir erzählt, dass das Verstecken von Geldstücken in Essen nicht einmalig in China ist. Als er in Colorado aufwuchs, hat seine Mutter immer Geldstücke und Büroklammern in Aluminiumfolie eingewickelt und in den Geburtstagskuchen eingebacken. Er hat sich immer richtig gefreut, wenn er in seinem Stück Kuchen etwas Geld gefunden hatte und war sehr traurig, wenn er eine Büroklammer fand.

65. Öffne Geschenke nicht vor Anderen

Geschenke auszugeben ist ein Grundbestandteil der chinesischen Kultur. Fast jede festliche Feier, wichtige Geschäftstreffen und Familienereignisse beinhalten den Austausch von Geschenken. Anders als in der westlichen Kultur sollten Geschenke allein geöffnet werden, nicht vor dem Schenkenden.

Zum Beispiel, schenkte ich kürzlich einer meiner chinesischen Freundinnen ein Gemälde, aber sie öffnete es nicht, bis sie zu Hause war. Bryan findet dies schwer zu verstehen, weil er daran gewöhnt ist, dass Geschenke vor ihm geöffnet werden, so dass er den Ausdruck in den Leuten sehen kann und sagen kann, ob sie sein Geschenk mögen. „Es ist lustig," sagte er, „dass man warten muss, bis sie dir eine SMS schicken, in der sie dir sagen, dass sie dein Geschenk mögen, anstatt dass sie es vor dir öffnen und es dir persönlich sagen."

Aus der chinesischen Perspektive wollen Leute es vermeiden, dass es so aussieht, dass sie begierig sind Geschenke zubekommen, und deshalb sollten sie vermeiden, Geschenke vor anderen zu öffnen. Wenn jemand zu begierig ist, Geschenke zu bekommen, wird er als geizig abgestempelt, während jemand der zurückhaltend seine ungeöffneten Geschenke für später beiseite stellt, als kultivierter angesehen wird.

66. „Besondere Behandlung" für Ausländer

Von Ausländern, die in China leben, wird angenommen, dass sie reicher sind als der durchschnittliche Chinese. Chinesen glauben Ausländer haben das Geld luxuriöse Dinge zu kaufen, deshalb sollten sie dies tun. Zum Beispiel denken unsere *Ayis* (Kindermädchen) zu Hause, dass Bryan mit einem Mercedes zur Arbeit fahren sollte. Eine von ihnen sagte, „ Das würde ein Teil des Kuchen für Sie sein." Auf die gleiche Weise denken Chinesen, weil Ausländer mehr Geld haben, sollten sie mehr als Chinesen für Dinge bezahlen. Sie glauben, dass das nur fair ist. Also vom Marktverkäufer über den Schneider bis hin zum Kleinhändler für

alle heißt es, Preise erhöhen für *laowai*.

Zum Beispiel brachte unsere *Ayi* einen kaputten Schuh zum Schuster, um ihn zu reparieren. Es kostete ihn nur einen Blick auf die gigantische Schuhgröße (Bryan trägt Größe 46) und er sagte. „Ist das nicht ein Schuh von einem Ausländer? Er muss also viel Geld haben, also schmeiß diesen einfach weg und sag ihm, er soll ein neues Paar kaufen." Auf das erwiderte unsere geistreiche Ayi, „Ja, er hat ihn weggeschmissen, aber ich will ihn für meinen Sohn haben. Also bitte gib mir einen guten Preis und reparier ihn!" Als er repariert war, gab sie ihn Bryan zurück. Sie erzählte dem Schuster die Geschichte, um Geld für uns zu sparen. In ihren Augen sind wir nicht mehr nur Ausländer. Wir sind Teil der Familie für sie, deshalb macht sie alles Mögliche, um uns zu beschützen!

67. Essen, Alkohol und Zigaretten als Geschenk

In China ist es essential wichtig für jede Art von Geschäftserfolg ein Bezieh - ungsnetzwerk zu bilden. Geschenke machen und Geschenke austauschen, ist die Schlüsselkomponente im Aufbau von Beziehungsnetzwerken. Anders als im Westen, verschenken Chinesen typischerweise nicht Schokolade, roten Wein oder Blumen. Besondere Speisen, harter Alkohol und Zigaretten sind die richtigen Geschenke, wenn man von jemanden einen Gefallen braucht.

Mit Essen ist nicht zuhause gebackener Kuchen oder Kekse gemeint. Stattdessen spreche ich von teuren Delikatessen, die regional oder saisonal speziell sind. Zum Beispiel ist im Herbst die Saison der Haarkrabbe in China. Weil die Saison nur für eine kurze Zeit anhält und Haarkrabben in einem Gebiet in der Nähe von Schanghai produziert werden, sind sie eine gepriesene Delikatesse. Die meisten Leute lieben es Haarkrabben zu essen. Deshalb sind lange und teure Haarkrabben eine ideales Geschenk für eine wichtige Person.

Ein anderes beliebtes Geschenk während des Mittherbstfestes sind Mondkuchen. Das Mittherbstfest findet einmal im Jahr am 15. August des Mondkalenders statt. Deshalb fällt es immer auf irgendwann mitte bis späten September des Sonnenkalenders. Es ist traditional ein Familienfeiertag, vergleichbar mit dem amerikanischen Erntedankfestes, wo jeder zu einem

Familienessen zusammen kommt. In den letzten Jahren hat sich das Mittherbstfest mehr in einem kommerziellen Feiertag verwandelt, bei dem jeder Mondkuchen austauscht.

Mondkuchen sind Gebäcke, die verschiedene Arten von Füllungen haben. Traditionell sind sie süß mit einer Lutussamenpaste oder einer roten Bohnenpaste als Füllung. Heutzutage machen Restaurants und Bäckereien Mondkuchen für jeden Geschmack. Man kann salzige Pekingente-gefüllte Mondkuchen wie auch Eiscreme gefüllte kaufen. Sie machen auch Mondkuchen für jedermanns

Budget und Geschenkbedürfnisse.

Die Günstigsten kosten weniger als einen US Dollar das Stück. Aber die Teuren, die Haifischflossen-, Schwalbennest- oder Seeohrenfüllungen haben, kosten über mehrere tausend US Dollar pro Box. Ich habe gehört manche Boxen werden aus Gold gemacht, während andere Elfenbeinessstäbchen enthalten.

Während Krabben und Mondkuchen das passende Geschenk für alle sind, sind teure Likörs und Zigaretten das typische Geschenk für chinesische Männer.

Anders als ihr westliches Gegenstück, die es mögen Rot - oder Weißweinfla - schen zu verschenken, bevorzugen chinesische Männer harten Likör.

In den dörflichen Gegenden und kleinen bis mittelgroßen chinesischen Städten mögen die Leute in China hergestellten Kornalkohol oder *baijiu* als Geschenk. Die bekanntesten Marken sind *Wuliangve* und *Maotai*. Vergleichbar mit Wodka, sind diese *baijiu* sehr gehaltvoll und haben über 40% Alkohol.

Importierte Liköre in wunderschönen Flaschen sind ebenfalls exzellente Geschenke in China. Remy Martin, Martell, Johnny Walker, Chivas und XO Cognacs sind die am meisten bevorzugten Marken beim Geschenkeaustausch. Interessanterweise, trinken die Chinesen diese nicht. Sie tendieren dazu, die Flaschen zur Schau zustellen oder sie an andere als Geschenk weiterzugeben. Die meisten Leute sagen, sie sind zu teuer und zu hübsch, um sie zu trinken. Die Zurschaustellung von schönen Likörflaschen zeigt Freunden und der Familie, dass sie finanziell gut gestellt sind und sich teuren importierten Likör leisten können.

Wie Likör sind auch Zigaretten ein beliebtes Geschenk für chinesische Männer. Die meisten Männer in China rauchen. Es gibt im nördlichen China sogar einen Spruch, der besagt, „Man ist kein Mann, wenn man nicht raucht." Aber man muss eine spezifische Etikette befolgen, wenn man Zigaretten verschenkt.

Erstens, die Marke spielt eine Rolle. Chinesen verschenken teure Marken für wichtige Anlässe, und weniger teure für kleine Momente. Zum Beispiel ist die bekannteste Zigarettenmarke als Geschenk *Zhonghua* oder China. Es ist eine ziemlich teure Marke, zwischen 50$ und fast 300$ pro Karton. Es ist DIE Zigarette, die man braucht, wenn man jemanden um einen großen Gefallen bittet. Chinesen sagen, „Leute die *Zhonghua* kaufen, rauchen sie nicht und Leute die *Zhonghua* rauchen, kaufen sie nicht." Mit anderen Worten, die Leute, die sie kaufen, können sich nicht leisten, sie zu rauchen, und Leute die sie rauchen, brauchen sie nicht selbst zukaufen, weil sie so einflussreich sind, dass sie immer *Zhonghua* geschenkt bekommen.

Zweitens, wenn man Zigaretten verschenkt, muss man zwei Kartons verschenken. Chinesen glauben, dass gerade Zahlen vielversprechender sind, deshalb bringt es Glück zwei Kartons Zigaretten zu verschenken. Wenn man nur einen Karton verschenkt, denken die Leute man ist ärmlich und unaufrichtig.

In den letzten Jahren sind die Leute gesundheitsbewusster geworden. In großen Städten zögern einige Leute deshalb, Zigaretten zu verschenken. Um den negativen Einfluss der Zigaretten abzumildern, schenken einige nun einige Kartons mit Ginseng zu den Zigaretten. Sie hoffen, dass auf diese Weise der Ginseng die ungesunden Zigaretten aufhebt!

68. Rote Umschläge

In China sind die meisten Geschenke zum chinesischen Neujahrsfest, zu Hochzeiten und so weiter, eher Bargeld als eigentliche Dinge. Die Leute tun das Geld in rote Umschläge, die „*hong bao*" genannt werden.

Die Leute geben aus einem praktischen Grund Geld: Der Beschenkte kann sich kaufen, was er mag, als ein Geschenk zu erhalten, dass er nicht will.

Die meisten chinesischen Geschäfte haben keine Geschenkgutscheine oder keine Umtauschpolitik. Deshalb stellt das verschenken von Bargeld sicher, dass der Beschenkte etwas bekommt, dass er mag und nicht schon hat.

Zu Hochzeiten geben die Leute Geld, weil es keine Tradition von Wunschlisten gibt und die Leute das Geld gebrauchen können, um als Paar zusammen anzufangen.

Eltern geben ihren Kindern zum Neujahrsfest *hong bao*. Sie geben ihnen immer neue, frische Scheine, weil die Kinder am Neujahrstag neue Kleidung tragen müssen und alles was sie halten, einen sauberen Start in das neue Jahr symbolisieren soll. Kinder haben sogar ein Lied, das wie folgt klingt: „*gong xi fa cai, hong bao na lai*" was übersetzt soviel bedeutet wie „Frohes neues Jahr, gib mir bitte meinen roten Umschlag".

69. Verschenke niemals eine Uhr

Als wir nach Shanghai umgezogen waren, trafen wir ein wundervolles Paar aus Texas. Sie hatten einen großartigen chinesischen Fahrer, dessen einziger Fehler war, dass er manchmal am Morgen verschlief. Unsere Freunde fanden heraus, dass er keinen Wecker hat und entschieden sich, ihm einen zu kaufen, damit er in Zukunft nicht mehr zu spät sei.

Glücklicherweise sprachen unsere Freunde zuvor mit ihrer Sekretärin, darüber dem Fahrer eine Uhr zu schenken. Sie erfuhren, dass es im chinesischen Brauchtum ein Tabu ist, jemanden eine Uhr zu schenken. Das Wort für Uhr ist „*zhong*", was genauso wie Beerdigung klingt. Jemanden eine Uhr geben, oder „*song zhong*" in Chinesisch, klingt genauso wie der Ausdruck „Jemandes Beerdigung beiwohnen". Wegen dieser Ähnlichkeit, würde eine chinesische Person nie einer anderen chinesischen Person eine Uhr schenken.

Als Resultat sprachen unsere amerikanischen Freunde mit ihrem chinesischen Fahrer bevor sie ihm den Wecker gaben, den sie für ihn gekauft hatten. Sie erklärten, dass die Uhr kein Geschenk sei, sondern eine Notwendigkeit für seine Arbeit. Der Fahrer war von der Geste nicht verärgert. Stattdessen, dankte er ihnen ihre Aufmerksamkeit dadurch, dass er pünktlicher wurde.

VIII
Chinesische Familien verstehen

70. Mit den Eltern leben

Wenn westliche Leute das College beenden und/oder ihren ersten Job bekommen, ziehen sie typischerweise aus dem Elternhaus aus und leben unabhängig. In den Vereinigten Staaten zum Beispiel ist es ein soziales Stigma, weiter bei seinen Eltern zu leben, wenn man Erwachsen ist.

In China leben die meisten jungen Menschen mit ihren Eltern bis sie verheiratet sind. Viele Paare leben sogar nach der Hochzeit mit einem Elternpaar. Wenn das junge Paar ein Kind bekommt, wird wenigstens ein Elternpaar mit ihnen oder sehr nahe leben, damit sie helfen können, das Kind großzuziehen.

Anders als ihre europäischen oder amerikanischen Gegenstücke, sind junge chinesische Personen selten finanziell unabhängig von ihren Familien. Viele junge Leute werden sogar nach dem Schul- oder Universitätsabschluss, einen Teil ihres Gehalts an ihre Eltern zahlen. So unterstützen sie das Haushaltseinkommen, während ihre Eltern für die Unterkunft und das Essen zahlen. Manche geben ihr komplettes Einkommen an ihre Eltern und bekommen eine kleine Beihilfe für ihre persönlichen Ausgaben. Die Eltern auf der anderen Seite müssen genug Geld für das Hochzeitsgeschenk des Kindes sparen.

Für Söhne ist es ihre Pflicht eine Wohnung zu kaufen, wenn er heiratet und für die Töchter kaufen viele ein Auto für das neue Paar. Deshalb bevorzugen es viele Paare in großen chinesischen Städten wie Shanghai, eine Tochter statt eines Sohnes zuhaben, weil die finanzielle Belastung einen Sohn zu haben viel größer ist (in dörflichen Gegenden Chinas, bevorzugt man immer noch Söhne).

Zusätzlich wird erwarte, dass sie ihre Enkelkinder großziehen, weil fast alle chinesischen Frauen nach dem sie ein Baby geboren haben, Vollzeit in ihren Beruf arbeiten. Wenn die Eltern älter werden, wird von dem jungen Paar erwartet, dass sie sich um sie kümmern.

Wenn chinesische Familien ins Ausland ziehen, erhalten viele trotzdem die enge Familienbeziehung und unterstützen ihre Kinder finanziell. Auch unter gutetablierten Auswanderern, kaufen die Eltern ihren Kindern oft ihr erstes Haus, so dass sie nicht mit Hypotheken belastet werden. Als Gegenleistung können Eltern ihre Kinder besuchen, wann immer sie wollen und können auch für Monate bleiben. Wenn ein junges Paar, dass im Ausland lebt ein Kind bekommt und die Eltern noch in China leben, senden sie typischerweise das Kind zurück nach China, damit die Großeltern es großziehen oder würden die Großeltern bitten zu kommen, um sich um das Baby zu kümmern.

71. Liebe geht durch den Magen

Wenn Chinesen jemanden mögen, zeigen sie dies oft, indem sie ihn füttern. Auf die gleiche Weise hießen meine Eltern und Verwandten Bryan in der Familie willkommen.

Das erste Jahr, das wir verheiratet waren, gingen wir zum Erntedankfest in das Haus meiner Eltern. Meine Mutter hat zwei ganze Tage damit verbracht, das Essen vorzubereiten. Die Nacht vor dem Erntedankfest konnten wir weit nach Mitternacht hören, wie sie die Schweinekoteletts hämmerte. Den nächsten Tag hatten wir ein absolut tolles Fest. Bryans Teller war voll bis oben hin mit verschiedenem Essen. Während des gesamten Essens hörte meine Mutter nicht auf, Bryan anzus-

pornen mehr von dem oder diesem zu essen, und immer wieder seinen Teller mit mehr und mehr Essen aufzufüllen. Weil es unhöflich ist, bei einem chinesischen Familienessen seinen Teller nicht aufzuessen, musste Bryan jeden einzelnen Bissen auf seinem Teller aufessen, um ein guter Schwiegersohn zu sein. Am Ende des Essens flehte Bryan meine Mutter buchstäblich an, ihm nichts mehr aufzutun.

Wann immer wir unsere Verwandten in China besuchen, versuchen sie Bryan genauso mit großen Mengen von Essen vollzustopfen. Bryan witzelte: „Kein Wunder, dass ich immer schwerer werde. Deine Familie stopft mich immer mit Essen voll! Also sag ihnen sie können nicht sagen, dass ich fetter geworden bin, jedes Mal wenn wir uns sehen. Es ist ihre Schuld!“

Kultureller Vergleich:

Die Familie meines Ehemanns drückt ihre Zuneigung auf ganz andere Weise aus. Am ersten Tag als ich Bryans Mutter traf, wussten wir schon, dass wir uns richtig mögen. Andererseits war ich trotzdem nicht darauf vorbereitet, als sie mir eine dicke Umarmung schenkte. Das war als ich bemerkte, dass sie mich wirklich mag! Bryans Vater auf der anderen Seite, nahm mich das erste Mal als ich ihn traf auf einen Schneeschuh Trip in Colorado mit. Als wir an einen mit Schnee bedeckten See kamen, hob er mich ohne Vorwarnung hoch und warf mich in den Schnee. Als ich auf meinem Rücken landete, lachte er und sagte, Jetzt kannst du einen richtigen Schneeengel machen! Und mein Schwager zeigte mir seine Zustimmung damit, dass er mir einen Schneeball ins Gesicht warf, als ich versuchte ein Foto von ihm und Bryan zu machen. Der Schneeball landete direkt auf meiner Kameralinse. Ich war so überrascht, dass ich prompt wieder rückwärts in den Schnee fiel! So wurde ich in Bryans Familie willkommen geheißen!

72. „Du hast zugenommen“

Jedes Mal wenn ich nach China kam als ich noch jünger war, um meine entfernten Verwandten zu besuchen, war immer das Erste, was sie kommentierten mein Gewicht. Und meistens war es, „Du hast zugenommen!“

Nachdem Bryan und ich geheiratet hatten, wurde er zum Hauptziel der „Gewichtsüberwachung“. Auch wenn sein Gewicht sich kaum geändert hat, kommentieren die Leute sein Gewicht meistens sogar bevor sie „Hallo“ sagen. Bryan war verärgert über diese „unhöflichen“ Kommentare. „Warum sind sie so besessen von meinem Gewicht?“, beschwerte er sich.

Viele von meinen nicht - einheimischen Freunden haben, dasselbe Problem. Ein paar Damen beschwerten sich, dass wenn sie aus ihrem Sommerurlaub zurück nach Hause nach China kommen, dass ihre chinesischen Haushälterinnen sie immer mit „Du bist fett geworden“ begrüßen. Auch wenn es wahr ist, ist es doch ärgerlich es zu hören.

Die Chinesen sagen dies aber als ein Zeichen ihrer Zuneigung. Es zeigt ihre Vertrautheit mit einem. Es ist fast schon so, wie sagen „Hey, lange nicht mehr gesehen. Ich habe dich vermisst.“ Wenn sie die leichteste Gewichtveränderung bemerken, sagen sie eigentlich, dass sie sich genug um dich sorgen, um den Unterschied zu bemerken.

In den letzten Jahren habe ich aber beobachtet, dass junge Leute in China etwas taktvoller sind, wenn es darum geht jemanden zusagen, dass er fett wird. Das körperliche Aussehen ist unter jungen Chinesen immer wichtiger geworden. Es ist sogar so, dass ich überall wo ich hinschaue, Werbung für Diätprogramme und Abmagerungsbehandlungen sehe. Meine westlichen Freunde sagen immer, dass die schlanke Figur von chinesischen Frauen auf ihre Schlankheitsgene zurück zuführen ist, aber wenige wissen, dass fast jede chinesische Frau auf irgendeiner Diät ist, um ihr Gewicht niedrig zuhalten. So dass einen Freund fett zu nennen, heute fast wie eine Anschuldigung rüberkommen würde.

73. Geld und die Familie

Viele unserer chinesischen Freunde verstehen Beziehung zwischen westlichen Eltern und ihren Kindern nicht, wenn es um Geld geht. Sie finden es hart sich vorzustellen, dass westliche Eltern ihre Kinder dabei beobachten können, wenn ihre Kinder sich abmühen einen Lebens - unterhalt zuverdienen, wenn sie selbst viel Geld haben. Unsere chinesischen Freunde haben uns oft gefragt, warum Westliche so sind und warum Eltern ihren Kindern nicht einfach etwas Geld geben. Wir erklärten, dass viele westliche Eltern ihren Kindern helfen, wenn es sein

muss, aber die meiste Zeit hoffen sie, dass ihre Kinder unabhängig sind und nicht auf die finanzielle Unterstützung der Eltern angewiesen sind.

In China wollen aber viele Eltern nicht, dass jugendliche Kinder Praktikums machen oder im Sommer arbeiten. Sie denken es ist zu hart für ihre Kinder. Und sozial denken sie, dass nur arme Familien ihre Kinder für Geld arbeiten lassen. Deshalb ist es sozial nicht akzeptiert, dass Kinder für Geld in einem Sommerjob arbeiten, wenn die Familie es sich anders leisten kann. Das ist der Grund, warum viel Hochschulabsolventen in China viel weniger Arbeitserfahrung haben als ihre westlichen Gegenstücke.

74. Die Frau läuft hinter dem Ehemann

Als Bryans Eltern uns in China besuchten, unternahmen wir vier oft Spaziergänge durch die Nachbarschaft nach dem Essen. Unsere chinesischen Nachbarn kommentierten oft, wie romantisch westliche Leute doch sind, weil meine Schwiegereltern, obwohl sie schon über sechzig sind, immer noch ihre Hände halten, wenn sie zusammen spazieren gehen.

In China sieht man selten über vierzigjährige Paare, die noch ihre Hände halten, wenn sie zusammen spazieren gehen. Die meisten Paare hören sogar damit auf, ihre Hände zuhalten, wenn sie verheiratet sind, besonders nach dem sie Kinder bekommen haben. Wenn das Kind noch klein ist, hält einer der Eltern es im Arm. Wenn es laufen kann, läuft es zwischen den Eltern. Wenn ein Kind im jugendlichen Alter ist, läuft ein Junge in der Nähe der Mutter und ein Mädchen hält die Hand der Mutter, aber beide laufen hinter dem Vater.

Unter älteren Paaren kann man fast immer beobachten, dass die Frau ein paar Schritte hinter dem Ehemann läuft. Vielleicht wenn sie in eine Unterhaltung vertieft sind, sieht man sie nebeneinander laufen, aber sobald die Unterhaltung beendet ist, verfallen sie automatisch zurück in ihre angestammte Formation. Wenn sie mit anderen Paaren ausgehen, laufen die Männer zusammen und die Frauen laufen Arm in Arm hinter den Männern.

Ein chinesischer Freund beobachtete, dass wenn man eine chinesische Frau nur ein Stück hinter einem chinesischen Mann laufen sieht, dass man davon ausgehen kann, dass sie Mann und Frau sind. Aber wenn man eine Paar über vierzig Händchen halten sieht, dann weiß man, dass sie entweder Liebhaber sind, die eine außereheliche Affäre haben oder dass sie miteinander ausgehen. Unser Freund hob hervor, dass es für ein älteres Paar nicht „normal" ist, ihre Zuneigung öffentlich zur Schau zustellen.

Auf die gleiche Weise erklärte uns unser Freund, dass ältere Paare nicht miteinander ausgehen. Auch wenn sie in ein Restaurant ausgehen, um ein Essen zusammen zugenießen, würde man sie nie an einem romantischeren Ort wie in einem Cafe oder einer Bar treffen. Jahrestage werden fast nie gefeiert, es sei denn, es handelt sich um den 40. oder 50.. Und solche Anlässe sind mehr eine Familien- oder Gemeindesache, keine Feier nur zwischen den beiden. Ich erinnere mich als meine Großeltern ihren 50. Jahrestag hatten, dass die Gemeindebeamten sie zu einer Feier für alle Paare einluden, die in der Nachbarschaft ihre Goldene Hochzeit feierten. Die Gemeinde heuerte sogar einen Makeup Artist an, lieh Hochzeitskleider und Anzüge aus und machte professionelle Fotoporträts von den Paaren. Es war kein romantisches Essen für zwei, aber eine riesige Gemeindefeier.

Seitdem wir zwei Kinder haben, haben Bryan und ich weniger Zeit miteinander auszugehen. Aber wir halten uns trotzdem Zeit frei für unsere wöchent - lichen Dates. In unserer Ausgehnacht, nahm mich Bryan manchmal in seinen Arm. Ich habe mich immer etwas unwohl gefühlt, wenn er das tat. Wir sind jetzt nach der chinesischen Tradition auch ein „altes verheiratetes" Paar. Deshalb haben wir einen Kompromiss gefunden, wir halten einfach nur Händchen. Wir werden immer als ein Liebespaar missverstanden. Chinesen sind immer überrascht, dass wir für fast 9 Jahre verheiratet sind und schon zwei Kinder haben.

75. Die Erwartungen eines Ehemanns

Dress Code für die Ehefrau

Eine gute Freundin von mir aus Shanghai wollte heirateten. Eine Gruppe von uns Mädels veranstaltete eine Jungesellinnen Abschiedsparty für sie (meine britischen Freundinnen nennen es Hennen Nacht). Der Dress Code war sexy. Ich zog einen schwarzen Minirock mit hochhackigen Stiefeln an und trug hellen roten Lippenstift. Bevor ich zu der Party losging, sagte Bryan zu mir „Schatz, du siehst großartig aus! Hab Spaß heute Nacht!"

Als ich auf der Party ankam, waren zwei meiner Freundinnen, die zu britischen Männer verheiratet waren, ebenfalls sehr sexy angezogen. Zufälligerweise trugen wir alle schwarz. Unsere Junggesellin kam sehr spät zu der Feier. Das war sehr ungewöhnlich für sie, weil sie normalerweise eine sehr pünktliche Person ist. Sie trug ein weißes Cocktailkleid mit V-Ausschnitt, mit einer großen weißen Schleife um die Hüften. Es war klassisch und damenhaft, und ihr Aussehen unterschied sich enorm von unseren schwarzen sexy Outfits. Sie sah absolute liebenswert aus. Wir kommentierten alle, dass sie wie Sarah Jessica Parker in *Sex in the City* aussah. Währenddessen entschuldigte sie sich für ihr zu spät kommen und erklärte uns den Grund dafür.

Die meisten chinesischen Männer sind sehr beschützerisch zu ihren Frauen. Sie mögen es nicht, wenn ihre Frauen die Aufmerksamkeit von anderen Männern erregen. Eine verheiratete chinesische Frau zieht sich normalerweise konservative Kleidung an, um ihren Mann zufrieden zustellen. Wenn ich mit meinen Freundinnen einkaufen gehe, die chinesische Ehemänner haben, kaufen sie nichts, dass die Schultern oder den Rücken nicht bedeckt. Auch wenn sie das Aussehen einen Kleides mögen, würden sie es nicht kaufen, weil es dem Ehemann nicht gefallen würde.

Distanzbeziehungen sind OK

In China sind Ehemänner viel toleranter zu ihren Frauen, wenn sie viele Meilen entfernt arbeiten und leben. Viele Chinesen denken sogar, dass es nicht ungewöhnlich ist, wenn ein Mann und eine Frau in separaten Städten, Provinzen oder sogar Ländern leben. Für Monate oder Jahre getrennt zu sein, ist für chinesische Paare nicht ungewöhnlich. Die Karriere und die Möglichkeit mehr Geld zuverdienen, haben oft eine höhere Priorität, als körperlich zusammen zu sein. Während manche ihren Partner trotz der Entfernung und Trennung loyal gegenüber bleiben, haben viele Affären. Mir wurde erzählt das MBA in China verheiratet aber zuhaben (married but available) bedeutet.

76. Dickköpfige Frauen in Shanghai

Frauen aus Shanghai sind für ihre dominante Rolle in der Familie bekannt. Der Stereotyp (und meistens auch die Realität) ist, dass sie die Finanzen zu Hause kontrollieren, die Familienentscheidungen treffen, und oft sogar Haushaltsaufgaben an ihre Männer delegieren.

Unser Kindermädchen ist eine dieser starken Shanghai Frauen. Sie ist Anfang fünfzig, hat sich von Fabrikarbeit zur Ruhe gesetzt, aber verdient sich ihren Lebensunterhalt gut als Kindermädchen/Haushälterin. Obwohl sie alle Haushaltsaufgaben in ihrem eigenen Haus erledigt, hat sie trotzdem die Zeit für Dinge wie Investitionen in den Aktienmarkt oder alltägliche Entscheidungen zutreffen. Sie ist exzellent in ihrer Arbeit in unserem Haus, sogar an ihrem ersten Tag brauchte ich ihr nicht zusagen, was sie zutun hat. Bevor ich meinen Mund öffnen konnte, um alle Haushaltsaufgaben aufzulisten, unterbrach sie mich und sagte: Ich habe mein ganzes Leben Haushaltsarbeit erledigt, ich weiß genau, was ich zutun habe. Machen Sie sich keine Sorgen. Ich werde mich um alles kümmern.“ Und damit fing eine wunderbare Beziehung an.

Ich gebe ihr alle nötigen Dinge, von Essenszutaten bis hin zu Reinigungsmitteln und sie lässt ihre Magie wirken. Ich muss ihr nur aus dem Weg gehen!

Obwohl sie dominant sind, ist der traditionellere Typ von Shanghai Frauen zur gleichen Zeit chauvinistisch. Wenn es um die Entscheidungsmacht geht, wollen sie diese gern für sich behalten. Aber wenn es um den Wohlfühl - faktor geht, kommen Ehemänner und Söhne an erster Stelle. Das ist sicher auch mit unserem Kindermädchen der Fall. Sie respektiert alle Entscheidungen, die ich in Haushaltsangelegenheiten treffe, aber bevorzugt Bryans Vorlieben, wenn sie kocht. Es ist sogar so, dass sie einen großen Aufwand macht, wenn Bryan zum Essen zu Hause ist, aber wenn nur wir beide essen (die Kinder bekommen separat zubereitete Mahlzeiten), dann sagt sie oft: „Kommen Sie, es sind nur wir Frauen. Für uns reicht es, wenn wir nur Reis und Gemüse essen."

Aber das bedeutet nicht, dass Bryan alles was er will, von unserem Kindermädchen bekommt. Wenn ich nicht zu Hause bin, fragt unser Kindermädchen Bryan immer direkt, was er essen will. Wenn er etwas aussucht, sagen wir „Ente", stimmt sie manchmal nicht zu: „Wir hatten gestern erst Ente, nein, nicht schon wieder." Wenn er dann sagt „süß-saures Schwein, sagt sie, „ Nein, Sie haben gesagt, sie wollen Gewicht reduzieren. Süß-saures Schwein wird frittiert. Sie können das nicht essen. Sie sollten Fisch essen. Ich sollte einfach Fisch kochen."Sie sagt es und verschwindet schnell. Bevor Bryan die Information in Chinesisch verarbeitet hat und etwas erwidern kann, ist sie schon verschwunden. Bryan schüttelt dann oft den Kopf und denkt, „Warum fragt sie mich überhaupt? Sie macht doch sowieso immer was sie will!"

Wir nennen sie aus Zuneigung unsere dickköpfige *Ayi*. Aber eigentlich handelt sie wie alle anderen Shanghai Frauen, sie trifft die Entscheidungen!

IX
Was sie sagen und was sie meinen

77. Ich weiß & ich verstehe

Manchmal kann ein kleiner Unterschied in Wörtern oder Aussagen einen großen Einfluss darauf haben, wie Leute etwas interpretieren. Bryan hatte einen chinesischen Angestellten, der sehr gutes Englisch sprach, aber die Angewohnheit hatte, „ich weiß" zu sagen, wann auch immer Bryan mit ihm sprach. Wenn man im Englischen immer wieder „Ich weiß" sagt, heißt es, dass man schon weiß, was der andere einem sagt, und man soll aufhören Zeit zu verschwenden.

Eines Tages, nach dem Bryan einige Male „Ich weiß" gehört hatte, unterbrach er seinen Kollegen letztendlich und sagte, „Wenn Sie schon alles wissen, dann denke ich mal, wir brauchen diese Sitzungen nicht mehr!" Sein Kollege war sehr erschrocken, weil er das gar nicht so meinte - er übersetzte den üblichen chinesischen Ausdruck „*wo zhi dao*" Wort für Wort ins Englische. Was er eigentlich mit „Ich weiß" meinte war „Ok, Ich verstehe."

Einige Monate später, machte Bryan das Selbe mit einem seiner Mitarbeiter. Bryan versucht soviel Chinesisch wie möglich zusprechen, und während einer wöchentlichen Sitzung, sagte er „*wo ting de dong*" - was er dachte heißt „Ich verstehe" - wann immer er den Punkt seines Kollegen verstanden hatte. Nach ein paar Wochen forderte der Kollege Bryan auf, aufzuhören das zusagen, weil was er eigentlich sagte war „Du sprichst so, dass ich es verstehe." Mit anderen Worten, er spricht verständlich. Bryan verärgerte den Mann versehentlich damit, dass er sagte er könne seine eigene Muttersprache gut sprechen.

78. Kein Problem oder großes Problem?

Ein Ausdruck, den Jeder in China lernt ist *„mei yo wen ti,*" was soviel wie „Kein Problem" bedeutet. Wie viele chinesische Ausdrücke, können die Worte abhängig von der Situation verschiedene Bedeutungen haben. Die Leute müssen meistens erschließen, ob jemand der „Kein Problem" sagt, wirklich „Kein Problem" meint, oder ob sie „Großes Problem" meinen.

Wir hören *mei you wen ti* immer wieder – von Taxifahrern, die sich verfahren haben, von Bryans Mitarbeitern, wenn sie eine Geschäftssitutation beschreiben und von einem Handwerker, der versucht den Küchenofen zu reparieren. Manchmal heißt es natürlich, dass es wirklich kein Problem gibt. Es bedeutet, dass die Person sich einfach um die Sache kümmern kann oder dass wir das Hotel ohne Stadtkarte finden werden. Aber oft bedeutet *mei you wen ti*, dass es ein Problem gibt und die Person nicht in der Lage sein wird, es zu lösen, aber dies nicht zugeben will. In keiner Kultur mag es jemand zuzugeben, dass er mit etwas nicht umgehen kann, aber in China kann es sehr peinlich sein und den Verlust des Ansehens bedeuten. Deshalb sagen viele Leite „Kein Problem" um Zeit zugewinnen, bevor sie zugeben müssen, dass sie ein Problem nicht lösen können.

Das Beste, was man tun kann, wenn jemand es sagt, ist herauszufinden, ob sie „Kein Problem“ oder „Großes Problem“ meinen, und wenn sie „Großen Problem“ meinen, versuchen ihnen zu helfen, es zu lösen ohne Ansehen zu verlieren. Zum Beispiel, wenn ich mit einem Taxi fahre und der Fahrer sich klar verfahren hat, aber „Kein Problem“ sagt, wenn ich ihn frage, ob er weiß, wo er lang muss, sage ich: „Wissen sie, es ist wirklich hart diesen Platz zu finden, und ich finde ihn manchmal selbst nicht… Lassen Sie uns zusammen auf der Straßenkarte nachschauen“ oder „Ich rufe das Hotel an und frage für Sie nach der Wegbeschreibung.“ Auf diese Weise verliert der Fahrer sein Ansehen nicht, und ist viel einfacher bereit eine Straßenkarte zu benutzen. Er wird sicherlich auch dankbar sein, dass ich sein *mei you wen ti* verstanden habe!

79. Verstehen, was sie nicht gesagt haben

Chinesisch wird als eine indirekte Sprache beschrieben, in der Leute eher unterschwellige Hinweise und Andeutungen benutzen, als dass sie direkt sagen, was sie sagen wollen. Mein Mann fand heraus, wie wahr dies ist, als er mit seinem Begleiter auf eine Geschäftsreise ging und beide an der gleichen Sitzung teilnahmen und mit komplett unterschiedlichen Schlussfolgerungen herausgingen.

Bryan hat die letzten drei Jahre Chinesisch gelernt und hatte kürzlich das Gefühl, er könnte damit anfangen Sitzungen mit seinen Partnern und anderen Geschäftskollegen ohne einen Übersetzer abhalten. Sein Vokabular ist nicht schlecht, und er kann viel mehr verstehen als er spricht, deshalb dachte er, es sei einen Versuch wert. Aber nach der ersten Reise ohne Übersetzer, kam er nach Hause und erzählte mir, dass er sich entschieden hat, in Zukunft wieder einen Übersetzer zu benutzen.

„Es war nicht das Problem zu verstehen was gesagt wurde," erklärte er mir, „weil ich eigentlich das meiste von der Diskussion sehr gut verstanden habe. Und was sie gesagt haben klang sehr positiv und sehr nach Kooperation, deshalb hatte ich das Gefühl, dass die Sitzung sehr gut verlief. Aber nach der Sitzung erzählte mir mein Finanzberater, dass sie gesagt hätten, es gäbe viele

Probleme in der Kooperation und das wir eine harte Zeit haben werden, wenn wir mit ihnen in Zukunft zusammenarbeiten."

„Als ich fragte, warum er dieses Gefühl hat, lachte er und sagte; ‚Bryan, im Chinesischen ist es oftmals nicht so wichtig, was gesagt wurde, wie was nicht gesagt wurde. Um Chinesisch richtig zusprechen, muss man viel mehr als nur die Vokabeln und die Grammatik können… man muss wissen, was sie gesagt haben sollten, aber nicht gesagt haben!'"

80. Klein & alt

Im Chinesischen bedeuten die Adjektive „klein“ und „alt“ nicht immer klein und alt. Manchmal bedeuten sie genau das Gegenteil. Als wir unser zweites Kind bekamen, gab unsere Ayis ihnen die Spitznamen „No.1“ und „No.2“. In Chinesisch werden sie *lao-da* „das Alte und das Große“ und *lao-er* „alte Nummer zwei“ genannt. Die Ayis wird aber mit ihrem Zunamen, plus der Vorsilbe für „klein“ gerufen. Deshalb findet es Bryan sehr lustig, dass die Babys im Haus „alt“ genannt werden und die ältere Person wird „klein“ genannt.

Anmerkung

Eigentlich ist die Vorsilbe xiao oder klein ein liebens - würdiger Ausdruck für Leute, mit denen man vertraut ist. Es drückt aus, dass die Person eine junge, schmale Statur hat oder sozial untergeordnet ist.

Die Vorsilbe lao oder alt zeigt auch Zugehörigkeit. Eine Person wird lao genannt, wenn sie älter ist oder eine höhere Position hat. Manchmal wird lao aber auch auf eine witzige Art benutzt. Zum Beispiel werden europä - ische Ausländer laowai genannt, guter alter Ausländer!

81. Frau oder Geliebte

Hier eine Geschichte, die zeigt, dass man nicht immer Logik anwenden kann, wenn es um Sprachen geht, besonders wenn man versucht Wort für Wort in eine andere Sprache zu übersetzen.

Nachdem Bryan sechs Monate in China gelebt hatte, wollte er seine Freunde mit seinem neuen Vokabular beeindrucken. Als er auf der Straße einen Arbeitskollegen traf, stellte er mir seinen Kollegen auf Englisch vor, und fuhr dann fort unseren Sohn und mich seinem Freund in Chinesisch vorzustellen. Er zeigte auf unseren Sohn und wollte sagen, „Das ist mein kleiner Junge." Aber er wusste nur das Wort für Sohn, nicht für Jungen, und nur das Wort für jung, nicht klein. Aber er dachte, das war nah genug. Deshalb sagte er in Chinesisch, „Das ist mein junger Sohn" was bedeutet das ist mein jüngerer Sohn. Der Geschäftskollege fragte dann, „Oh wo ist dein älterer Sohn?" Dann stellte Bryan fest er hatte einen Fehler gemacht. Aber er war dadurch nicht entmutigt.

Nachdem er in Englisch erklärt hatte, was er meinte, stellte er mich in Chinesisch vor. Er hatte kürzlich das Wort *laopo* gelernt, ein Spitzname für Ehefrau, was einfach übersetzt „meine Frau" bedeutet. Weil das Wörter für Ehefrau, *qizi* oder *taitai*, sehr formell sind, entschied er sich, die neue Vokabel auszuprobieren. Aber Bryan dachte, dass meine Frau zu chauvinistisch und nicht liebenswert genug klang, deshalb fügte er *xiao* oder „klein" hinzu, um „meine kleine Frau" auszudrücken. Sofort nachdem er es gesagt hatte, sah das Gesicht seines Kollegen sehr verwirrt aus und ich hob eine Augenbraue und fragte ihn in Chinesisch, „Wirklich? Wo ist deine große *laopo*?" Was Bryan nicht wusste ist, dass er mich dadurch, dass er mich *kleine laopo* genannt hatte, mich ausversehen als seine Geliebte vorgestellt hatte. Ich reagierte, in dem ich fragte, wo seine richtige Frau, die große laopo sei. Bryans Kollege war sehr überrasch über diese Familienvorstellung!

82. Was sagt die Hand?

Handgesten unterscheiden sich von Kultur zu Kultur, und man kann schnell etwas Unangebrachtes ausdrück, wenn man annimmt, dass chinesische Handgesten, die gleichen wie westliche sind. Die meisten Reisenden wissen, dass man in anderen Ländern keine offensiven Handgesten benutzt. Aber manchmal können sogar die harmlosen lustig oder problematisch sein.

Ein paar deutsche Freunde gingen kürzlich in eine lokale Bar in Shanghai. Die Kellnerin dort sprach sehr wenig Englisch, nur genug, um Bestellungen für Getränke aufzunehmen. Ein deutscher Kollege entschied sich, eine paar Biere für sich und seinen Freund zu bestellen. Um die Anzahl auszudrücken, spreizte er den Daumen und Zeigefinger in der Form einer Waffe aus, um die Zahl „2“ zu zeigen. Im chinesischen Brauch, heißt diese Geste aber „8“. Ein wenig unsicher über ihre Fähigkeit Englisch zu verstehen, aber selbstbewusst über ihre Fähigkeit die Handgeste von dem laowai zu lesen, brachte die Kellnerin unseren Freunden acht Biere. Sie dachte sicherlich, die Deutschen können viel Bier trinken! Unsere deutschen Freunde waren überrascht, weil sie dachten sie hatten klar gemacht, was sie wollten. Bryan und ich amüsierten uns köstlich über diese Geschichte.

X
Geschäfte in China machen

83. Visitenkarten

Wenn man in Amerika jemanden außerhalb einer geschäftlichen Umgebung trifft, tauscht man seine Telefonnummern auf einem Stück Papier aus. In China tauscht man Namenkarten aus. Deshalb war eines der ersten Dinge, die wir nach unserer Ankunft taten, uns solche Karten zu drucken.

Zusätzlich lernten wir, dass es wichtig ist seine Visitenkarte mit beiden Händen zu übergeben. Im chinesischen Brauch ist das ein Zeichen des Respekts. Wenn man jemanden seine Karte nur mit einer Hand gibt, ist dies ein Zeichen der Respektlosigkeit gegenüber der Person. Auf die gleiche Weise muss man beide Hände benutzen, wenn man eine Namenskarte von einem Chinesen erhält.

Man muss die Karte, die man erhalten hat anschauen und einige Kommentare über die Karte machen. Chinesen kommentieren normalerweise den Ort, an dem man wohnt oder den Ort der Firma, wenn sie in einem guten Bereich der Stadt sind. Oder sie werden etwas zu den Entwicklungen der Firma sagen, wenn sie etwas darüber gehört haben, um zu zeigen, dass die Firma berühmt ist und dass sie gut informiert sind. Oder sie sagen etwas zu der Position in der Firma wie, „Naja, das muss aber eine wichtige Aufgabe sein, die Sie haben.“

Auf die gleiche Weise wird von Einem erwartet, die Karte kurz zu lesen und ein paar Kommentare zugeben, um zu zeigen, dass die Person einen genug interessiert, um herauszufinden, wer sie ist. Bryan fand diesen Aspekt oft sehr schwierig. Weil er wenig über chinesische Städte weiß, kann er schlecht Kommentare über den Ort abgeben. Und er will nicht zufällig etwas offensives, über ihre Arbeit sagen. Manchmal kommentiert er deshalb über die Wahl des englischen Namens, weil es sehr üblich und chic für junge chinesische Leute ist, einen westlichen Namen anzunehmen.

Das Einfachste und Sicherste, was man machen kann, wenn man keine Ahnung hat, wer die Person ist oder was die Firma macht, ist einfach die Visistenkarte zu lesen und etwas zusagen wie, „So, Sie sind also [Position einfügen] in [Name der Firma einfügen]? Großartig. Bitte erzählen sie mir mehr über ihre Firma." Dann ist man in einer besseren Position, mit der Person eine intelligente Unterhaltung zu führen.

Ich hab kein Geld

Ein ausländischer Praktikant arbeite im Sommer in China. Er fühlte sich gestört von den Bettlern, die sich normalerweise Ausländer als Ziel suchen. Sie waren besonders nachts ein Problem, weil sie in der Nähe von Bars warteten. Er war so frustriert, dass er einige Visitenkarten mit dem Spruch „wo mei qian" oder ich habe kein Geld druckte. Als die Bettler ihn anhielten, gab er lieber diese Namenkarten aus, als jeder Person einzeln zu erklären, dass er kein Geld zugeben hatte.

84. Ein Siegel macht alles rechtlich

Ein beliebtes Souvenir aus China ist ein Siegel. Ein Siegel ist ein Stempel, der oft den Namen der Person trägt. Es wird auf ein Stempelkissen gedrückt und benutzt, um Papiere und Umschläge zu stempeln. Siegel sind nette Souvenirs, aber in China sind sie auch wichtig beim Unterschreiben von Verträgen, beim Bestätigen von Transaktionen und für das Leiten von chinesischen Geschäften.

In den meisten west - lichen Ländern ist die Unterschrift von einem Leitenden Angestellten oder Abteilungsleiter genug, um ein Dokument gesetzlich und verbindlich zu machen. In China macht eine Unterschrift allein ein Dokument nicht gesetzlich, stattdessen muss eine Firma alle Verträge, Abrechnungen, Sitzungsprotokolle und andere rechtliche Dokumente Siegeln. Auf diese Art handelt es sich nicht um einen Vertrag zwischen unterschreiben – die Leute die Unterschreiben – aber um einen Vertrag zwischen Firmen. Jede Firma hat nur ein Siegel und nur eine Person ist normalerweise autorisiert, das Siegel auf Dokumente und Verträge zu bringen. Natürlich hat die Person mit dem Siegel großen Einfluss in der Firma!

Chinesische Firmen benutzen das Firmensiegel auch auf eine andere praktische Weise, um sicher zustellen, dass keine Seite in einem mehrseitigen Vertrag verändert oder entfernt wird nach dem das Dokument angenommen wurde. Sie fächern die Seiten des Vertrags und siegeln die ausgefächerten Seiten, so dass jede Seite ein Stück des Siegels hat, so dass wenn jemand eine neue Seite zu dem Vertrag hinzufügt oder herauszieht, dass diese Seite keinen Teil des Stempels hat.

85. Der Boss weiß die Antwort, auch wenn er es nicht tu

Die meisten Leute würden zustimmen, dass es gut ist der Chef zu sein. Aber um Chef in China zu sein, muss man einige einzigartige Eigenschaften haben. Während es zum Beispiel in vielen westlichen Kulturen erlaubt ist, den Chef in Frage zu stellen, oder ihn sogar während einer öffentlichen Sitzung in Frage zu stellen, sind chinesische Angestellte normalerweise sehr ehrerbietig und drücken keine gegensätzliche Meinung aus. Und von chinesischen Chefs wird erwartet, dass sie von oben nach unten leiten und immer die richte Strategie und alle Antworten wissen. Deshalb bedeutet es, der Chef in China zu sein, sehr viel Druck zu haben!

Bryan wusste von diesen Unterschieden, als er anfing in China zu arbeiten, aber er erzählte mir eine lustige Geschichte, die diesen Unterschied hervorhebt. Während der Haushaltsplanungszeit, bereitete Bryans Finanzteam eine detailierte mehrjährige Vorhersage für die verschiedenen Teile des Geschäfts vor. Als Bryan einer seiner Mitarbeiterinnen sagte, sie solle eine sehr komplizierte Vorhersage machen, stimmte sie zu es zu, tun, und saß dann geduldig vor ihm. Bryan dachte, sie hatte nicht verstanden, deshalb wiederholte er seine Aufforderung, aber sie sagte, „Nein, ich habe schon verstanden. Aber Sie müssen mir schon die richtige Antwort sagen, damit ich die Vorhersage korrekt machen kann.“ Als

Bryan ihr sagte, er wisse die Antwort nicht, fing sie an zulachen und wartete weiter. Deshalb sagte Bryan letztendlich, „Natürlich weiß ich die Antwort, aber ich will sehen wie genau Ihre Berechnungen sind, und ich werde Ihnen danach sagen wie gut sie sind." Danach ging sie zu ihrem Tisch und fing zu arbeiten an.

Zwei Tage später kam sie mit einer sehr guten Hochrechnung zurück und Bryan lobte sie für die Analyse. Dann fragte sie „Und, war es richtig?". Bryan hatte ihre frühere Unterhaltung vergessen, aber erinnerte sich schnell und sagte zu ihr, „Ja, Sie waren sehr nah dran."

86. Seite an Seite sitzen

Sagt man das Wort „Sitzung“ zu einem Geschäftsmann, und sie werden normalerweise an einen Konferenzraum mit Menschen an einem runden Tisch denken, die Dokumente bewerten und Powerpoint Präsentationen anschauen. Bei vielen chinesischen Sitzungen sitzen die Teilnehmer aber alle nebeneinander auf bequemen Stühlen, mit nur einem kleinen Tisch zwischen ihnen, um Tee abzustellen. Bryan nennt diesen Sitzungsstil „Seite an Seite sitzen“ und für viele westliche ist es eine sehr ungewöhnliche Art Geschäftsdiskussionen abzuhalten.

Vor kurzem bei einer Chinareise, wurde einer von Bryans Chefs dazu eingeladen, sich mit einem Leitenden Regierungsbeamten zu treffen. Sein Chef hatte eine Powerpoint Präsentation vorbereitet, um seine Firma vorzustellen und er wollte Handzettel mit Kopien der Präsentation austeilen, um während der Sitzung darauf zurückzukommen. Bryan sagte ihm, da es das erste Treffen mit dem Beamten sei, dass sie sich nicht in einem Konferenzsaal treffen werden, sondern eine mehr informelle Diskussion haben, während sie Seite an Seite sitzen. Sie würden sich in ihren Stühlen zu einander drehen müssen, um einander anzusehen. Erst später, wenn ihre Beziehung etabliert ist, werden sie Sitzungen haben, wo sie einander an einem Tisch gegenüber sitzen.

Wir glauben, es gibt zwei Hauptgründe für diesen Sitzungsstil und beide sind direkt auf Aspekte der chinesischen Kultur zurück zuführen. Erstens, wenn Leute sich gegenüber sitzen würden sie sich wie Gegenspieler fühlen, während wenn sie nebeneinander sitzen, sie sich freundlich gesinnter fühlen, wie Kollegen. Zweitens wird laut der chinesischen Sitzordnung angenommen, dass die Person, die mit dem Rücken zur Tür sitzt, unter die Person, die mit dem Rücken zur Wand sitzt, geordnet ist. Um ungewollte Implikationen zu vermeiden, sitzen beide Personen mit dem Rücken zur Wand.

87. Augenkontakt

Kleine Unterschiede in den Verhaltensweisen und Bräuchen können oft zu Missverständnissen führen, besonders zwischen Mitarbeitern aus verschieden Ländern, die zusammenarbeiten müssen. Ein Bereich den Bryan festgestellt hat, ist Augenkontakt, oder „einander in die Augen zuschauen".

In der westlichen Kultur ist Augenkontakt sehr wichtig, weil es ein Weg ist festzustellen, ob jemand ehrlich zu einem ist oder nicht. Wenn jemand einem in die Augen schaut und etwas sagt, dann ist es sicher wahr, während wenn jemand einen nicht anschaut, wenn er oder sie mit einem spricht, dann bedeutet dies, dass sie ausweichend oder unehrlich sind.

Für Chinesen, auf der anderen Seite, ist Augenkontakt während einer Unterhaltung nicht nötig, und es wird sogar als zu direkt gesehen. Leute zeigen ihr Gesicht nicht jedem offen, und kontrollieren ihre Gefühle. Deshalb sagt das Fehlen von Augenkontakt nichts über ihre Ehrlichkeit oder ihren Fokus aus.

Kürzlich sah Bryan das Missverständnis, dass dieser kulturelle Unterschied hervorrufen kann. Zwei seiner leitenden Angestellten, ein Chinese und ein Westlicher arbeiteten daran, ein Problem zu lösen, aber jeder von ihnen hatte einen anderen Vorschlag. Letztendlich kamen sie zu einer Einigung.

Aber während der gesamten Diskussion versuchte der westliche Mitarbeiter seinem chinesischen Kollegen in die Augen zuschauen, während der chinesische Mitarbeiter mit Absicht seine Augen abwendete, wenn er sprach. Danach, sagte der westliche Mitarbeiter zu Bryan, dass er skeptisch ist, ob der chinesische Kollege den Vorschlag wirklich unterstützt… und war überrascht als der Kollege ihn voll unterstützte, wie er es versprochen hatte. Es war einfach eine Situation in der ein kultureller Hauptindikator für Ehrlichkeit für die andere Person keine Rolle spielte.

88. Die letzten zwei Minuten

Bryan hat fast jede Woche Diskussionen mit chinesischen Gegenspieler, Geschäftspartnern und verschiedenen Offiziellen und hat gelernt, dass der durch die chinesische Kultur festgelegte indirekte Ansatz Diskussionen ganz anders als amerikanische macht. Besonders die Zeit, die für Geplauder aufgewendet wird, ist in chinesischen Diskussionen viel größer, und die wirklich wichtigen Teile einer chinesischen Sitzung finden in den letzten zwei Minuten statt.

Während Bryans Sitzungen mit westlichen Kollegen ist normalerweise wenig Geplauder. Die Sitzungen beginnen oft mit ein paar Einführungen und dann kommen die Teilnehmer gleich zum Herzen des Problems. Sie diskutieren Dinge sehr direkt, beziehen klare Positionen und kommen am Ende zu einer Feststellung.

Wenn er sich mit chinesischen Kollegen trifft, hat Bryan gelernt, dass die meiste Zeit der Sitzung über alles andere gesprochen wird, aber nicht über das Hauptthema oder die Entscheidung, die getroffen werden muss. Es ist sehr indirekt und man verbringt viel Zeit damit, Gemeinsamkeiten und Verständnis in weniger wichtigen Themen zu finden. Er ist sogar passiert, dass das Hauptthema während der gesamten Sitzung nicht diskutiert wurde. Aber dann, ganz am Ende, verbringt er sehr kurze Zeit damit, das Hauptthema zu diskutieren.

Manchmal werden seine westlichen Chefs ungeduldig, weil sie denken, die Sitzung ist nicht sehr effizient und führt zu nichts. Aber Bryan erklärt ihnen dann, dass die gesamte Diskussion nötig war, um die letzten zwei Minuten zu erreichen, aber die letzten zwei Minuten waren die Zeit wert!

89. Welche Art von Golfunterricht wollen Sie?

Mein Ehemann ist Golffanatisch. Deshalb entschied ich mich, ebenfalls Gold zu lernen, als wir in Shanghai ankamen, so dass wir zusammen spielen können, und weil der wunderschöne Golfplatz so eine schöne Ruhepause vom Großstadtleben bietet. Nach dem ich meine Schläger im Golfgeschäft gekauft hatte, fragte ich den Verkäufer, ob er mir einen Golflehrer empfehlen kann. Dann fragte er mich, „An welcher Art von Golfunterricht wollen sie denn teilnehmen? Wollen Sie Businessgolf oder Spaßwettbewerbsgolf lernen?“ Ich war von seiner Frage irritiert. Ich fragte, „Ist Golf nicht immer das Selbe, ob ich es nun fürs Geschäft oder zum Spaß spiele?“ „Nein, nein, nein,“ sagte er, „Es gibt große Unterschiede zwischen den Zweien.“

„Wenn Sie Businessgolf spielen wollen,“ erklärte er, „brauchen sie einen Lehrer, der Ihnen Genauigkeit beibringt. Sie müssen lernen, wie man den Ball so kontrolliert, dass Sie ihn nach rechts oder links schlagen können, wie sie wollen. Wenn Sie auf diese Art mit einem potenziellen Klienten oder einen Geschäftspartner spielen, können sie den Ball in denselben Bereich schlagen wie er oder sie es tut. Es ermöglicht Ihnen, mit der Person zu laufen und Geschäftsangelegenheiten zu diskutieren. Wenn sie auf der anderen Seite Spaß- oder Wettbewerbsgolf spielen wollen, dann brauchen sie einen Trainer, der ihnen beibringt, wie man den Ball weiter schlägt. Die Richtung ist hier zweitrangig zur Distanz. Um natürlich ein richtig guter Golfer zu sein, braucht man beides Distanz- und Richtungskontrolle. Aber für Anfänger ist es einfacher ihr Ziel zu erreichen, wenn man weiß welche Art von Golfer sie sein wollen.“

Ich weiß, dass in Amerika viele Geschäftsverträge auf dem Golfplatz abgeschlossen werden. Aber ich dachte nie, dass ich mich für eine Strategie entscheiden muss und welche Art von Golfunterricht ich will, wie ich es in Shanghai machen musste.

90. Von Verlegenheit zu Freundschaft

Kurz nachdem wir nach China kamen, lud Bryan die Vorsitzenden von vielen chinesischen Verlagshäusern zu einem Festessen ein, um sich bei ihnen für die Unterstützung der vergangenen Jahre zu bedanken. Nachdem er neu in seiner Position war, musste Bryan mit jedem der Verläger einzeln anstoßen, um ihnen seine Anerkennung zu zeigen.

Um ihnen seine Aufrichtigkeit zu zeigen, trank er bei jedem Mal anstoßen sein Glas aus. Sehr schnell stieg ihm der Alkohol zu Kopf. Er entschuldigte sich, um das Badzimmer zu benutzen, aber als er aufstand, stolperte er über etwas.

Er war entsetzt. In den Vereinigten Staaten würde es den Verlust seines Ansehens bedeuten. Sehr zu seiner Übesrraschung liebten ihn die chinesischen Verläger dafür. Sie hatten niemals einen Ausländer getroffen, der so viel trank, um sich mit ihnen anzufreunden. Sie fanden ihn vertrauenswürdig und bodenständig. Sein kleiner Betrunkenheitsunfall hat sich als ein großer Segen herausgestellt.

XI
Kinder in China großziehen

91. Klicken und Klatschen

Wir haben zwei kleine Kinder und weil sie gemischt Chinesisch/Amerikanisch sind, mögen es viele Leute sie anzuschauen und mit ihnen zu spielen. Als wir in Amerika waren, haben unsere Freunde unsere Kinder immer umarmt, gedrückt oder auf ihre Wangen geküsst. Aber in China interagieren Freunde und Fremde auf eine ganz unterschiedliche Art mit unseren Kindern als zu Hause.

Unsere chinesischen Freunde fassen die Gesichter unserer Kinder nicht an, weder drücken noch küssen sie, weil sie denken das dies die Speicheldrüse unserer

Kinder stimuliert und zu sabbern führt. Es ist sogar unhöflich diese Art von Zuneigung zu dem Kind einer anderen Person zu zeigen.

Zusätzlich klatschen Freunde und Fremde laut ihre Hände vor unserem jüngerem Kind (ein Baby-Mädchen), und klicken mit ihren Zungen, um ihre Aufmerksamkeit zu bekommen. Das erschreckte mich am Anfang, und ganz sicher erschreckt es unser Baby auch, aber sie machen dies, um zusehen, wie sie auf sie reagiert, so dass sie sie umarmen können. Für meine westliche Sensibilität, kommt es aber eher als unhöflich herüber, weil es mir das Gefühl gibt, sie denken, mein Baby ist ein Hund! Also was normal in der einen Kultur ist, ist unhöflich in der anderen und braucht Zeit, um sich daran zu gewöhnen.

92. Keine Zeit sich auszuruhen

Wir haben zwei kleine Kinder. An einem Tag haben wir uns mit chinesischen Freunden über den Druck des chinesischen Bildungssystems unterhalten. Ich erinnere mich an meine eigenen Erfahrungen als Student in China und kam zu der Schlussfolgerung, dass unsere Unterrichtstunden akademisch viel härter waren als Bryans in Amerika. Bryan erzählte uns, dass das amerikanische Schulsystem viel wert darauf legt, dass Kinder Zeit haben, zum Spielen, um Sport auszuüben, sozialen Aktivitäten nachzugehen und so weiter. Deshalb haben amerikanische Kinder viele Möglichkeiten sich während des Schultages auszuruhen, statt sich komplett auf akademische Studien zu konzentrieren.

Als unsere chinesischen Freunde das hörten, seufzten sie und sagten, „Natürlich können sich amerikanische Kinder ausruhen, es gibt weniger amerikanische Kinder, mit denen sie konkurrieren! Die Situation unserer Kinder ist viel konkurrenzbetonter, so dass sie keine Zeit haben sich auszuruhen!

93. Keine weinenden Babys

Von unserer Nachbarin bis hin zu den älteren Damen in unserer Straße, jedermann in China scheint davon besessen zu sein, ein Kind nicht weinen zu lassen. Zur Essenszeit, sagen sie mir, du solltest ihn nicht weinen lassen, weil weinen sein Verdauungssystem stören wird. Kurz nach dem Essen, sagen sie mir, du solltest ihn nicht weinen lassen, sonst bekommt er Albträume. Wie man sich sicher vorstellen kann, ist es schwierig unser Kind in China zu disziplinieren, weil die Großeltern und Kindermädchen dem Kind lieber einen unverständlichen Wunsch erfüllen, als ihn weinen zu lassen.

Deshalb hat unser Sohn schnell gelernt, dass Weinen der beste Weg ist, zubekommen, was er will. Unglücklicherweise für ihn, sind Bryan und ich sehr bodenständig als Eltern, auch wenn es bedeutet unseren Sohn weinen zu lassen.Vor ein paar Wochen nahm Bryan unseren Sohn Landon zu einem Eisenbahngeschäft, damit er die elektronischen Züge auf den Schienen rundfahren sehen konnte. Bevor sie den Laden betraten, schlossen sie einen Pakt, dass sie nur schauen und nichts kaufen, weil unser Sohn schon so viele Spielzeugzüge zu Hause hat. Aber als sie einmal in dem Geschäft waren, wollte Landon seinen Vater überreden, ihm ein Zugset zu kaufen. Bryan sagte „Nein“. Landon fing an zu wimmern und wimmern wurde schnell zu weinen. Ein chinesisches Paar um die vierzig kam herüber und sprach zu Landon „Nicht weinen, nicht weinen. Sag deinem Vater er soll dir einen Zug kaufen." Nachdem er Unterstützung gefunden hatte, fing Landon noch lauter zu weinen an und forderte einen neuen Zug. Dann sagte die chinesische Dame zu Bryan in Chinesisch, „Kaufen sie ihm doch einfachen einen günstigen Zug."

Bryan wurde so ärgerlich, dass er sich zu der Frau wandte und sagte, „Er ist mein Sohn. Ich kaufe im GAR NICHTS!" Die Frau hastete davon. Aber ihr Ehemann lachte zu Bryan, hob den Daumen und sagte, „Sie sind zäh! Sehr gut für Sie!"

94. Keine Babyparty vor der Geburt

In Amerika geben Freunde und Familie vor der Geburt eine Babyparty für die erwartende Mutter. Die Idee dahinter ist, dass die erwartende Familie Geschenke weit vor der Geburt bekommt, so dass sie genug Zeit haben das Kinderzimmer vorzubereiten, bevor das Baby kommt.

In China ist es ein Tabu, eine Babyparty vor der Geburt zu geben. Es bringt sogar Unglück, einer erwartenden Mutter Babygeschenke zu geben. Chinesen glauben ein Geschenk für ein ungeborenes Baby könnte einen Fluch auf die Geburt legen und die Chancen des Babys aufs Spiel setzen, die ersten Tage zu überleben. In der chinesischen Tradition, die bis heute überlebt hat, ist es niemandem erlaubt das Baby und die Mutter im ersten Monat nach der Geburt zusehen. Nach dem ersten Monat können nur die Freunde und die Familie, die der Mutter sehr nah sind, einen Besuch abstatten. Entfernte Verwandte und andere Freunde werden das Baby nicht sehen bis es 100 Tage alt ist. In China veranstalten die Großeltern ein großes und aufwendiges Festessen um den 100. Tag des Neugeborenen zu feiern. Das ist der Anlass für ein formelles Anschauen des Kindes. Jeder der zu der Party eingeladen ist, kommt mit Geschenken.

Der 100. Tag ist ein wichtiger Meilenstein im Leben eines Kindes. Es bedeutet, dass das Baby über drei Monate am Leben ist, die Zeit in der die Kindersterblichkeit am höchsten ist. Im heutigen China überleben die meisten Kinder, die gesund geboren wurden, die ersten drei Monate, auch wenn das ein paar Jahrzehnte zuvor nicht so war. Deshalb wollten die Chinesen ein zusätzliches Familienmitglied nicht feiern, bevor sie sicher waren, das es überleben wird. Und das blieb bis heute so.

Die Chinesen unterscheiden sich nicht nur in der Zeit der Babyparty, sondern auch in den Geschenken, die vergeben werden. Im Westen schenkt

man als Babygeschenk meisten Kleidung, Decken, Spielzeug und Kinderzimmermöbel. In China verschenken sie ebenfalls diese Dinge aber öfter traditionelle Glücksamulette.

Beispiele für Glücksamulette sind Langlebigkeitsschlösser (traditionelle chinesische Vorhängeschloss), Erdnüsse (immer noch in der Schale), und chinesische Sternzeichen aus 24 Karat Gold gemacht und an einem roten Streifen aus Seide gehängt. Beides der rote Faden und das pure Gold sollen Böses fernhalten. Gold ist auch ein Symbol für Reichtum und Besitz für das Kind. Schlösser symbolisieren Sicherheit. Langlebigkeitsschlösser, wie der Name schon sagt, bringen dem Baby ein langes, friedliches und sicheres Leben. Die ungeschälten Erdnüsse werden „*changshengguo*" oder die Frucht des langen Lebens genannt. Wenn man deshalb einen Kind ein Amulett mit einer goldenen Erdnuss schenkt, wünscht man ihm ein langes, erfolgreiches Leben. Außerdem ist es ein beliebtes Geschenk, dem Baby ein goldenes Amulett mit seinem Sternzeichen zu schenken. Zum Beispiel wird ein Kind, dass im Jahr des Schweins geboren wurde, ein goldenes Schweinsamulett als Glücksgeschenk bekommen.

Kurz gesagt, auch wenn Chinesische Babys nicht vor der Geburt beschenkt werden, bekommen sie goldene Amulette wenn sie 100 Tage alt sind.

95. Dem Kind einen Namen geben

Als wir unseren Kindern Englische Namen gaben, schauten wir im Internet lange Listen mit Namen an. Wir berücksichtigten den Klang der Namen, ihre Bedeutungen, ihre Schreibweise und versuchten unseren Lieblingsplatz,in ihnen unter zu bringen. Wie viele unserer Freunde, wollten wir Namen aussuchen, mit denen andere Kinder sie nicht hänseln können.

Aber als es an der Zeit war chinesische Namen für unsere Kinder zu wählen, durchliefen wir einen ganz anderen Prozess. Natürlich müssen sie immer noch gut klingen, aber es gibt mehr Wichtiges zu berücksichtigen.

In der chinesischen Tradition, muss ein guter Name das Glück der Person vervollständigen. In der chinesischen Glücksvorhersage, gibt es fünf natürliche Elemente, die das Glück einer Person regieren: Gold, Holz, Wasser, Feuer und Erde. Ein Leben wird gut sein, wenn diese Elemente ausbalanciert sind. Wenn ein Kind geboren wird, geben das Geburtsjahr, der Monat, der Tag und die Stunde acht Charaktereigenschaften, jede verkörpert ein natürliches Element. Wenn alle fünf Elemente in den acht Charaktereigenschaften vertreten sind, ist es wahrscheinlicher, dass das Kind ein harmonisches und balanciertes Leben führen wird. Aber in den meisten Fällen werden diese acht Charaktereigenschaften nicht ausbalanciert sein. Einer wird einen Überfluss in einem

Element haben, aber ein Defizit in anderen (Es ist sogar so, dass einige Paare einen Kaiserschnitttermin festlegen, um die Balance der Elemente oder der acht Charaktereigenschaften sicher zu stellen).

Deshalb ist es vorrangig, dem Kind einen anständigen Namen zu geben. Ein guter Name kann den Unterschied der Elemente aufheben. Ein Defizit in Wasser, kann durch einen Namen der Wasser beinhaltet, das Problem lösen. Aber einen spezifischen Namen zu wählen, ist die Aufgabe der Glücksvorhersageexperten. Neben dem Finden des chinesischen Charakters für einen Namen, der die richtigen Elemente enthält, muss man auch die Anzahl der Silben des Namens berücksichtigen. Die Zahl der Silben muss mit den Elementen übereinstimmen. Andererseits würde es das Schicksal von einem beeinflussen. Nachdem wir nach China gezogen waren, fragte ich einen Schicksalsvorhersager um Rat, um anständige Namen für meine Kinder auszusuchen. Die beeindruckende Sache für mich war, dass der Wahrsager dazu in der Lage war, anhand der acht Charaktereigenschaften, die Persönlichkeit meiner Kinder zu beschreiben. Ohne meine Kinder jemals gesehen zu haben, stimmten die Beschreibungen ziemlich genau mit der Realität überein. Auch wenn ich nicht an alles blind glaube, was der Wahrsager sagt, denke ich doch, dass ein Wert in dieser alten Kunst liegt. Deshalb arbeitete ich mit einem Wahrsager zusammen, um die Namen meiner Kinder auszuwählen, in der Hoffnung, dass sie ein ausbalanciertes Leben (mit viel Glück haben) werden.

XII
Gesundheit und Medizin

96. Voodoo Medizin und Wunderdrogen

Bevor wir nach China kamen, war Bryan skeptisch gegenüber traditioneller chinesischer Medizin. Alles Gerede über die „heißen“ und „kalten“ Eigenschaften des Essens, und all der Mischmach mit pflanzlicher Suppe schien für ihn wie Voodoo Medizin.

Seine Meinung zu dem Thema änderte sich aber nach der erfolgreichen Behandlung meiner Rückenschmerzen durch einen traditionellen chinesischen Doktor. Ich hatte mir meinen Rücken durch zu intensives Tanztraining als ich ein junges Mädchen war verletzt. Das Problem wurde schlimmer, nach dem ich mein erstes Kind hatte. Die körperliche Anforderungen der Schwangerschaft, Geburt und die unangemessene Haltung beim Stillen zahlten sich in Rückenschmerzen aus. Trotz Physiotherapie, chiropraktischer Therapie und Steroidspritzen, hielt das Problem an. Es wurde sogar schlimmer, so dass ich noch nicht mal ein Paar Hosen anziehen konnte, ohne zu wimmern.

Als ich in Shanghai ankam, verwies mich ein Familienfreund an einen alten traditionellen chinesischen Doktor. Er schaute sich Patienten in einer kleinen Wohnung an. Er benutzte eine Kombination aus *qigong* und selbsthergestellten pflanzlichen Umschlägen, um seine Patienten zu behandeln. Die pflanzliche Mixtur wird mit einem Geheimrezept aus mehr als zwanzig Zutaten hergestellt.

Die Zutaten werden zermahlen und dann zu einer dicken Paste gekocht.

Es war diese Komponente, die auf ein klebriges Pflaster geschmiert wurde. Ich platzierte die Pflaster an den Bereichen, wo ich schmerzen hatte. Ich trug sie für eine Woche durchgängig, ohne sie hab zu lösen oder Nass werden zu lassen. Währenddessen sollte ich kein rohes Gemüse und Obst essen und Saures vermeiden. Nach vier Wochen Behandlung war der Schmerz komplett verschwunden. Es tat nicht einmal weh, als ich kurz nach der Behandlung für eine ganze Woche zum Skilaufen ging. Sehr zu meiner Verwunderung sind meine Rückenschmerzen nicht zurückgekehrt. Mein Sohn hatte eine vergleichbar gute Erfahrung mit traditioneller chinesischer Medizin. Als er die Vorschule anfing, war er durchschnittlich zweimal im Monat krank. Seine Erkältungen hielten so lange an, dass es schein als ob er einen dauernden Husten und eine endlos laufende Nase hatte. Die wiederholte Infektion der oberen Atemwege fing an Ohrentzündungen hervorzurufen, die seine Hörfähigkeit einschränkten. Wir waren sehr besorgt, als der HNO Arzt uns mitteilte, dass er wahrscheinlich eine Operation an der Nase benötige. Glücklicherweise stellte uns ein chinesischer Freund einen traditionellen chinesischen Doktor vor, der sich auf Kindermedizin spezialisiert hatte. Nach ein paar Wochen der Behandlung, wurde unser kleiner Junge viel gesünder. Beides, das Nasen- und Ohrenproblem verschwanden und er bekommt jetzt nur selten eine Erkältung. Wir dachten er hat Anstrengungsasthma, weil er immer zu husten anfing, wenn er durch die Gegend lief. Jetzt kann er für eine Stunde durchgängig laufen ohne zu Husten! Die Erfahrungen, die ich und mein Sohn gemacht haben, veränderten Bryans Einstellung gegenüber traditioneller chinesischer Medizin. Sehr zu meiner Überraschung stimmte er zu, einen solchen Arzt wegen seines Asthmas aufzusuchen. Die Luftverschmutzung in China kombiniert mit seinem hektischen Reiseplan machten ihn sehr anfällig für Lungenprobleme. Aber nach dem er zu dem Doktor unseres Sohnes ging (der freundlicher Weise auch zu einem erwachsenem Patient zustimmte), scheint Bryans Immunsystem viel belastbarer gegenüber Viren zu sein. Jetzt glaubt er an diese alte Kunst. Sogar die furchtbar schmeckenden pflanzlichen Getränke scheinen nicht mehr so schlimm für ihn zu sein. Er nimmt die pflanzlichen Getränke jeden Tag um 10 Uhr und um 15 Uhr. In unserem Haus nennen wird die traditionellen chinesischen Doktoren, die Wunder-Wirker!

97. Warum es wichtig ist Socken zu tragen

Unser Sohn Landon wurde mitten in einem extrem kalten Winter in New York geboren. Er wurde belastbar, was kaltes Wetter angeht. Als der nächste Frühling kam, hörte er auf Socken in seinen Schuhen und Sandalen zu tragen. Es war September, als wir nach China zogen und es war immer noch sehr warm. Ich nahm ihn zu einem Park in der Nähe unserer Wohnung mit. Auf dem Weg hielten mich mehrere alte Damen an und sagten "Wie können Sie das Haus verlassen ohne ihm Socken anzuziehen? Er wird eine Erkältung bekommen." Am Anfang versuchte ich zu erklären, dass ihm nicht kalt ist und dass er es nicht gewohnt ist, Socken zutragen, aber nach dem die ersten Paar Damen zu mir gesprochen hatten, fing ich an ärgerlich zu werden. Ich wollte ihnen sagen, sie sollen sich um ihre eigenen Angelegenheiten kümmern, aber ich wollte nicht unhöflich und konfrontierend sein, deshalb tat ich so als ob ich sie nicht verstehen konnte. Ich wurde buchstäblich an jedem Block angehalten. Nach einigen Trips zum Park bekam ich so frustriert und ärgerlich von dem Herumnörgeln, dass ich schließlich aufgab und einige paar Socken für meinen Sohn kaufte.

Später bemerkte ich, dass die meisten chinesischen Frauen, besonders die über vierzig, das ganze Jahr über Socken tragen. Im Sommer sieht man ältere chinesische Frauen knöchellange Socken in ihren Sandalen tragen. Die Jüngeren und Modebewussteren tragen sogar im heißesten Sommer Feinstrumpfhosen. Und andere tragen knielange Nylonstrümpfe unter ihren Röcken. Das sieht aus einem Modestandpunkt ziemlich schrecklich aus, aber viel wichtiger, wie können sie es aushalten, in der Hitze und Schwüle Socken zutragen?

Ein paar Monate später erklärte ein Familienfreund uns die Tugend des Sockentragens während des ganzen Jahres. Viele ältere Chinesen glauben, dass es wichtig ist, die Füße warm zu halten, besonders mitten in der Sommerhitze. Die Schweißdrüsen sind in den Füßen konzentriert. Wenn der Körper heiß ist, sind die Poren in den Füßen offen, um zu ventilieren. Das ist, wenn es am wahrscheinlichsten ist, dass kalte Luft in den Körper durch die Füße eindringt.

Wenn die Füße nicht warm gehalten werden, kann man eine Erkältung bekommen. Die kalte Luft die in den Körper eindringt kann auch Rücken-, Nacken- und Schulterschmerzen oder sogar Kopfschmerzen hervorrufen. Dieser Freund empfahl sogar, dass wir Socken im Bett tragen. Er erzählte uns, dass als er anfing Socken zum Schlafen zu tragen, all seine Rückenprobleme verschwanden. Er war so überzeugend in seinen Argumenten, das Bryan und ich dachten, er solle seinen Job aufgeben und einen Sockengeschäft eröffnen!

Trotz meiner anfänglichen Skepsis, probierte ich das Tragen von Socken ein paarmal als ich Schmerzen in meinem Rücken fühlte aus. Ich muss zugeben, dass es funktionierte. Jetzt klinge ich wie ein Sockenbefürworter, wann immer meine Freunde mir sagen, dass sie Schmerzen haben, sage ich ihnen sie sollen Socken im Bett tragen. Aber meine Eitelkeit erlaubt es mir nicht, Socken im Sommer in meinen Sandalen zu tragen. Das ist ein zu schlimmer Mode *Fauxpas*, um ihn zu begehen.

98. Nicht auf dem Fußboden sitzen

Als Amerikaner ist unsere Familie es gewohnt auf dem Fußboden zu sitzen. Wir spielen zu Hause auf dem Fußboden, packen unsere Taschen auf den Fußboden, wenn wir in einem Restaurant essen und setzen uns sogar auf den Fußboden am Flughafen, wenn wir darauf warten in unser Flugzeug einzusteigen. Kurz um, wir scheuen uns nicht davor auf dem Fußboden zu sitzen.

Die Chinesen haben eine ent - schiedene Abneigung gegenüber auf dem Fußboden sitzen. Gut die Fußböden sind dreckiger als in Amerika, aber die Abneigung ist mehr kulturell als hygienisch. Sozial sitzen nur Bettler und Müllsammler auf dem Boden. Die meisten Anderen würden auch wenn sie müde sind, nur in die Hocke gehen anstatt auf dem Boden zu sitzen.

Ich erinnere mich als wir

einmal unseren Sohn zum Besuch meiner Großmutter in Shanghai mitnahmen. Sie hat wunderschön gewachste Hartholzfußböden in ihrer Wohnung. Weil er es gewohnt ist auf dem Boden zuspielen, setzte er sich prompt auf den Fußboden. Jeder um uns herum fing zu kreischen an, „Nein! Sitz nicht auf dem Fußboden. Es ist dreckig!" Bryan erwiderte sofort, „Es ist Okay. Er kann auf dem Fußboden spielen." Um unseren Sohn zu unterstützen, machte er eine ausschweifende Bewegung und setzte sich neben ihn. Die beiden krabbelten auf ihren Knien und Händen durch die ganze Wohnung. Als sie aufstanden, hatten sie Spuren von Wachs überall auf ihren Körpern. Alle meine Verwandten schüttelten ihre Köpfe als sie die beiden dreckigen Jungs sahen. Aber die beiden hatten eine tolle Zeit. Bryan lachte, „Wir können einfach unsere Kleidung waschen und ein Bad nehmen, um wieder sauber zu sein!"

Ein anderes Mal nahm Bryan Landon in einen Park zum Spielen mit. Es war früher Herbst, und das Wetter war einfach wunderbar. Landon liebt es auf dem Gras zu rennen, deshalb zogen die beiden ihre Schuhe aus und fingen auf dem Grass zu spielen an. Sie rannten rauf und runter, und jagten einander durch den gesamten Park. Chinesische Umstehende glotzten sie an, und ein paar ältere Damen sagten Bryan sogar er sollte nicht barfuß laufen, weil der Boden zu dreckig war. Als sie zu Hause waren, waren sie zur Befriedigung meines Kindermädchens nicht erlaubt, durch das Haus zu laufen, bis ihre Füße sauber gemacht wurden.

Ich höre Chinesen oft sagen „Kinder von *laowai* haben keine Angst dreckig zu werden!"

Lass sie dreckig werden

Landons Kindergarten hat gerade einen männlich Sportlehrer angeheuert. Anders als die traditionellen weiblichen Lehrer, hat er viele ungewöhnliche

Wege Sport zu unterrichten. Während einer Demonstrationsstunde, forderte er eine Gruppe von Fünfjährigen dazu auf, auf ihren Bäuchen um die Wette durch das Auditorium zu kriechen. Am Anfang wollten ein paar der Mädchen es nicht machen, damit ihre Kleider nicht dreckig werden. Der männlich Lehrer sagte zu ihnen, „Schaut euch meine Hosen an; sie sind brandneu. Ich habe ein paar hundert RMB für die Adidas Jogginghosen bezahlt. Aber ich krabbele in ihnen. Habt keine Angst euch schmutzig zu machen, weil Kleidung einfach gewaschen werden kann. Die nächste Runde machen alle mit.“

Nach der Demonstrationsstunde fragte der Schulleiter die Eltern und die Lehrervertreter, was sie von dem neuen Lehrer halten. Die älteren Lehrer waren wegen des Dreckig-Werdens zurückhaltend. Ich hatte Sorgen, dass viele der Großeltern, die sich meistens um die Kinder kümmern, zu seinem Stil nicht zustimmen werden. Aber einige der Elternvertreter, besonders die mit Söhnen, unterstützten seine Lehrphilosophie von ganzem Herzen. Wir wollen, dass unsere Kinder an ihre Grenzen gehen, dreckig und männlicher werden!

99. Körpergeruch ist eine Krankheit

Eine Sache die schwer für uns zu finden war, als wir gerade erst nach China gezogen waren, war Deodorant. Es wird immer noch nur in westlichen Läden verkauft. Die meisten Chinesen benutzen kein Deodorant. Die Chinesen glauben sogar, dass gesunde Leute keinen Körpergeruch haben sollten. Unterarmgeruch wird in China als eine Krankheit angesehen. Man kann Heilsalben und Cremes in der Apotheke finden, die Unterarmgeruch behandeln und ausmerzen.

In den letzten Jahren haben Kosmetikfirmen versucht Deodorants an chinesische Kunden zu verkaufen. Es war eine lange und harte Werbungskampagne nötig, um die Güter zu vermarkten. Anders als im Westen, wo Deodo - rantwerbung sich darauf bezieht, Peinlichkeiten zu reduzieren, hoben die Werbungen in China hervor, wie frisch man riecht, wenn man es benutzt. Im Fernsehen sah man ein wunderschönes junges Mädchen in eine Untergrundbahn steigen. Als sie ihre Arme hebt, um sich festzuhalten, durchströmt ein wunderbarer Duft den Zugwagen. Wenn man nicht gewusst hätte, dass sie Deodorants verkaufen, man hätte denken können, es geht um einen neuen Parfümduft.

100. Mann oder Frau?

Als ich in New York lebte, musste ich lange nach einem guten weiblichen Frauenarzt suchen. Es scheint, dass sie alle männlich sind. Aber als ich nach China kam, das Gegenteil schien wahr zu sein. Fast alle Frauenärzte waren weiblich. Chinesische Frauen bevorzugen ganz klar einen weiblichen Arzt, wenn es um ihre privatesten medizinischen Bedürfnisse geht, während in Amerika, die meisten meiner amerikanischen Freunde denken, dass es komplett normal ist einen männlichen Frauenarzt aufzusuchen.

Unsere Kinderärztin in China, die viele Jahre in New York praktiziert und deren Ehemann ein Frauenarzt ist, erklärte uns warum. In den Vereinigten Staaten begleitet der Frauenarzt den gesamten Prozess der Patientin. Er beobachtet die Patientin während der Schwangerschaft und bringt meistens auch das Kind zur Welt. Deshalb hat er einen sehr harten Ablaufplan. Er sieht die Patientinnen während des Tages und ist die ganze Zeit über auf Abruf für Geburten. Die meisten Geburten scheinen nachts zu sein. Der Job ist extrem fordernd, körperlich und zeitlich. Es ist sehr schwer für eine Frau, die verheiratet ist und Kinder hat, sich an solche Arbeitszeiten zu halten. Deshalb sind amerikanische Frauenärzte meistens männlich.

In China sind Geburtshelfer und Gynäkologe verschiedene Berufe.

Geburtshelfer haben reguläre Schichten. Die Patientin weiß normalerweise nicht, wer ihr Baby zur Welt bringt, es sei denn sie hat einen Kaiserschnitt vereinbart. Die Kombination aus dem weniger fordernden Zeitplan und dass chinesische Frauen ablehnen ihre Privatbereiche einem männlichen Arzt zu zeigen führt dazu, dass der Beruf des Frauenarztes von Frauen dominiert wird.

Eine andere interessante Beobachtung ist, dass chinesische und westliche Männer unterschiedliche Präferenzen haben, wenn es um das Geschlecht des Massagetherapeuten geht. Die meisten chinesischen Männer stört es nicht, wenn ein Mann sie bearbeitet. Sie bevorzugen es sogar, weil der Mann stärkere Hände hat. Aber die meisten europäischen und amerikanischen Männer fühlen sich mit einem männlichen Masseur sehr unwohl. Bryan ist einer von ihnen, er findet es komisch, wenn ein anderer Mann ihn anfasst, während er fast nackt ist. Der Besitzer eines Massagecenters sagte mir einmal, dass es gut ist einen Masseur zuhaben, der ein anderes Geschlecht als man selbst hat. Sie glaubt, dass wir alle das andere Geschlecht brauchen um unsere *Yings* und *Yangs* auszubalancieren. Ein männlicher Therapeut kann das *Yang* für eine Frau ersetzen, und anders herum für die männlichen Kunden.

101. Einschränkungen der frischgebackenen Mutter

Unsere Tochter wurde im selben Monat geboren, in dem unser Sohn die Vorschule in einer internationalen Abteilung in Shanghai anfing. Auch wenn ich in diesem Monat alle Bring- und Abholaufgaben an unser Kindermädchen weitergegeben hatte, konnte ich die Eltern-Lehrer-Versammlung in der Schule unseres Sohns nicht verpassen. Die erste Eltern-Lehrer-Versammlung fand statt als meine Tochter erst ein paar Wochen alt war. Nach dem ich meinen Stillplan um arrangiert hatte, ging ich zu dem Treffen in die Schule. Jeder war überwältigt mich dort zusehen. Für die Chinesen, war es undenkbar, dass ich das Haus, bevor die einmonatigen Nachgeburtseinschränkungen vorbeiwaren, verlassen hatte.

Es ist sogar so, dass *zuoyuezi*, oder das einmonatige Nachgeburtsritual, das am besten beachteste und am meisten respektierte Ritual in der chinesischen Tradition ist. *Zuoyuezi* bedeutet wörtlich „für einen Monat sitzen" in Chinesisch. Während dieser Zeit ist es einer Mutter nicht erlaubt, dass Haus zu verlassen, so dass sie keine Erkältung vom wehenden Wind bekommen kann. Zusätzlich ist es ihr nicht gestattet ihre Haare zu waschen, weil sie von der Kälte eine Arthritis oder chronische Kopfschmerzen bekommen kann. Nur Schwammbäder sind erlaubt. Sie darf das Baby nur halten, um es zu stillen, damit ihre Muskeln nicht angespannt werden, und sie muss soviel sie kann im Bett bleiben, um Rückenprobleme zu vermeiden. Zusätzlich muss sie eine strenge Diät einhalten. Diese ist unterschiedlich abhängig davon, wo sie sich in China befindet. Die meisten Diäten fordern es, dass sie viel Hühner- oder Fischsuppe ohne Salz trinkt, um die Produktion von Muttermilch zu unterstützen. Um ihre Augen zu schützen darf eine neue Mutter kein Fernsehen schauen oder Bücher oder Magazine lesen. Und damit ihre Gelenke keine kalte Luft abbekommen, muss sie langärmelige T-shirts, lange Hosen und Strümpfe sogar an dem heißesten Tagen des Sommers tragen. Die ultra-traditionellen verbieten sogar das Nutzen von Klimaanlagen oder Ventilatoren. Um das Abnehmen im mittleren Teil zu unterstützen, binden einige Hebammen einen zehn Meter langen Baumwohlstoff um den Bauch der Mutter wie eine Schrumpfpackung.

Auch wenn viele dieser Rituale für Westliche wie Folter klingen, halten sich die meisten chinesischen Frauen daran. Sie glauben, wenn sie sich nicht daran halten, wird ihre Gesundheit im Alter darunter leiden. Meine Mutter sagt zum Beispiel oft, dass ihre Hacken jetzt wehtun, weil sie nach meiner Geburt Latschen ohne Socken getragen hat. Ein anderer Grund, warum chinesische Frauen so streng mit *Zuoyuezi* sind, ist, weil die gute Monatskur Krankheiten heilen kann, die zuvor in der Mutter waren. Zum Beispiel schwören ein paar Freunde meiner Mutter, dass ihre chronischen Schulter - und Rückenschmerzen. nach dem sie die einmonatige Kur streng eingehalten hatten, verschwunden waren. Die Chinesen glauben, dass nach jeder Geburt der Körper die Chance hat, sich wieder zurückzusetzen. Aber die begrenzte Gelegenheit ist nur einen Monat lang. Wenn man in diesem Monat ausgeruht und gesund wird, wird man ein gesundes Leben genießen. Aber wenn man etwas während des Monats verletzt und es nicht geheilt bekommt, wird man die Beschwerden ein Leben lang leiden. Deshalb haben viele chinesische Frauen Angst, während dieses Monats etwas falsch zu machen.

Das ist auch der Grund, warum die chinesischen Lehrer und Eltern in der Vorschule meines Sohns mit mir schimpften, weil ich die einmonatigen Einschränkungen nicht einhielt. Sie stellten sofort die Klimaanlage für mich aus, und stellten sicher, dass ich weit vom Ventilator entfernt sitze, sodass kein Wind auf mich geblasen wird. Sofort als das Treffen vorbei war schickten sie mich weg und sagten ich solle nach Hause gehen. Ich fühlte mich wie ein böses Kind, dass die Sperrstunde verletzt hatte.

Auch wenn ich versucht habe die Regeln zu befolgen, machte ich am Ende für die meisten Kompromisse. Ich widerstand es meine Haare für 10 Tage zu waschen und konnte es einfach nicht mehr aushalten. Um sicher zustellen, dass ich keine Erkältung bekomme und wenn ich alt werde keine Kopfschmerzen, föhnte ich meine Haare wirklich trocken. Ich duschte mich auch jeden Tag, um mich frisch und sauber zu halten. Ich konnte der Regel, mein Kind nicht zuhalten, nicht folgen. Sie war einfach zu liebenswürdig, ich konnte einfach nicht widerstehen. Als Kompromiss stillte ich sie, während ich lag, um den Druck auf meinen Rücken zu reduzieren, und ruhte mich viel aus. Ich schaute wenig Fernsehen und lass weniger als ich normal tue. Das war nicht so schwer, weil ich die meiste Zeit erledigt war, davon mich um meine zwei Kinder zu kümmern. Ich verfolgte eine strenge Diät. Glücklicherweise gibt es jetzt einen Catering Service für neue Mütter in China. Sie brachten alles Essen was ich essen durfte jeden Morgen. Ich aß kein Salz und viel Suppe als Hauptspeise. Der beste Teil war, dass ich nahrhaftes Essen hatte, ohne mir Gedanken über das Kochen machen zu müssen. Eine letzte Sache, im September war es immer noch sehr heiß in Shanghai, deshalb benutzte ich die Klimaanlage. Aber ich stellte sie so ein, dass die kalte Luft nicht direkt auf mich blies.

Wenn ich die zwei Nachgeburtserfahrungen vergleiche, muss ich zugeben, dass ich mich schneller gesünder und erholter fühlte als ich der chinesischen Tradition folgte. Mein Rücken tat kein bisschen weh, anders als bei der Geburt meines Sohnes, als ich wirklich schlimme Rückenschmerzen hatte. Die Diät schien mir auch dabei zu helfen, mehr Milch zu produzieren und meinen Schwangerschaftsspeck schneller zu verlieren. Ich würde sogar den Catering Service für neue Mütter an alle erwartenden Mütter weiterempfehlen.

Wenn ich ein weiteres Baby bekomme, werde ich sicherlich das chinesische zuoyuezi wieder einhalten. Aber mein Ehemann ist überzeugt, dass zwei Kinder genug sind.

Nachwort

Wir haben ein Buch überkulturelle Unterschiede zwischen chinesischen und westlichen Leuten geschrieben, aber während wir dies taten, stellten wir fest, dass es auch viele Gemeinsamkeiten gibt: Wir haben alle Träume, Hoffnungen und Bedürfnisse, wir brauchen Liebe und Respekt, wir wollen Frieden und Stablität, und wir wollen alle ein besseres Leben für uns und unsere Familien.

Das Motto der Olympischen Spiele 2008 in Bejing „Eine Welt, ein Traum" zeigt das Menschen aus verschiedenen Kulturen viele gleiche Ziele haben, aber einfach andere Wege, sie zu erreichen. Wir hoffen, dass unser Buch dabei hilft zu verstehen, wie Chinesen an ihre Familien, ihre Traditionen, ihre Arbeit und aneinander heran gehen. Viel wichtiger ist aber, dass wir hoffen, dass Sie ihre Art zu leben respektieren und die Unterschiede zwischen Ihnen und Ihnen selbst erfahren und genießen.

图书在版编目（CIP）数据

如何面对中国人101题 ：德文 / 沈熠，(美) 瑷秉宏著 ；展地译.
-北京 ：五洲传播出版社，2011.5
ISBN 978-7-5085-2118-3

Ⅰ. ①如… Ⅱ. ①沈… ②瑷… ③展… Ⅲ. ①比较文化-中国、美国-通俗读物-德文 Ⅳ. ①G04-49

中国版本图书馆CIP数据核字(2011)第084907号

策划编辑：荆孝敏
责任编辑：郑　磊

五洲传播出版社出版
（北京市海淀区北三环中路31号生产力大楼B座7层，邮编100088）
北京画中画印刷有限公司印刷
开本：710毫米×1000毫米　1/16　字数：100千字　印张：14
2011年6月第1版　2011年6月第1次印刷
ISBN 978-7-5085-2118-3
定价：99.00元